OOPARTS

オーパーツ

超古代文明の謎

南山 宏 著

二見レインボー

古代人の恐竜土偶

恐竜を知らなかったはずの古代人類が、
恐竜をかたどった土偶を残していた。
人類が恐竜と共存する時代があったのか？

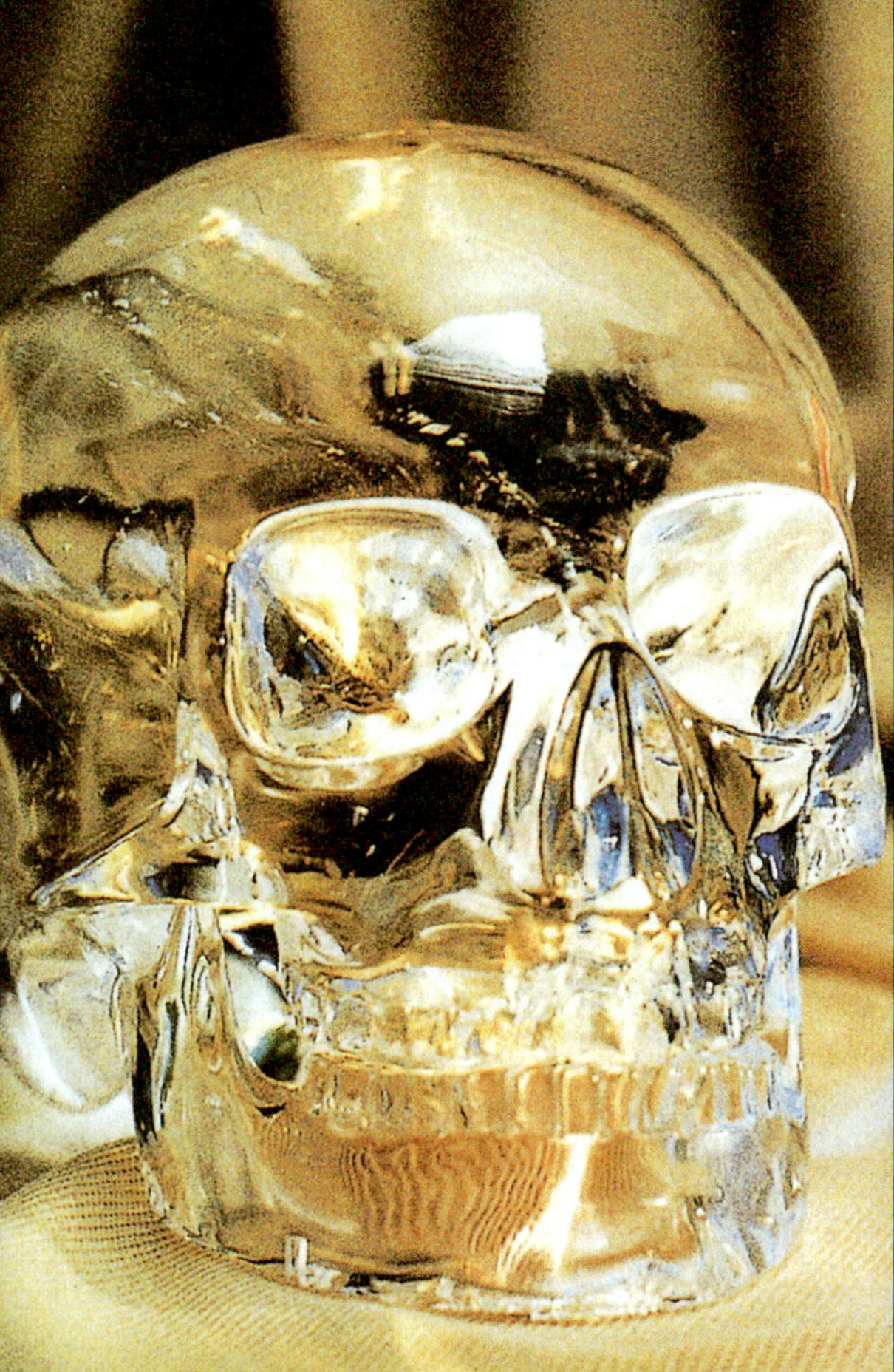

水晶どくろの妖魔

独特の神秘的雰囲気を漂わせる" ミッチェルヘジスの水晶どくろ "。
このどくろを持ったものは不思議な体験をしている

人造大石球の謎

コスタリカの国立博物館の中庭に飾られた最大級の大石球。
真球にするための成形技術、運搬の仕方など謎が多い

太古の花瓶型電池

バクダッド郊外のパルティア遺跡から出土した
謎の土壺と銅製円筒、腐食の激しい鉄棒。
これらの不思議な小壺の構造の各部分を検討した結果、
これは“電池”ではないかとの説が浮上した。
となると2000年前の古代パルティア人は
電気を使っていたことになるが……

飛翔する黄金シャトル

真上から見た“黄金シャトル”のレプリカ。
黄金シャトルは古代版スペースシャトルなのか？

尾翼にはBC2000年頃の初期ヘブライ語のEの字そっくりの記号が彫られている（写真上）

コロンビアの黄金博物館に展示される“黄金シャトル”の数々。ただし現在はこのようには置かれていない（写真下）

錆びない鉄柱

000年以上も錆がつかないインドの鉄柱。現在はイスラム
教寺院内に立っているが、もともとはヒンズー教の産物だ

神殿の巨大基壇石

パールベック神殿複合遺跡。左側の６本円柱の下が太古の基壇石（ボディアム）部分（写真上）。パールベックの超巨大基壇石“南方の石”（写真下）

エジプトの遺跡からはこの“はずみ車”や“照明電球”など、
近代的な機器が見つかっている

“太陽崇拝”を表わすパピルス画は、じつは“発電機”の図？

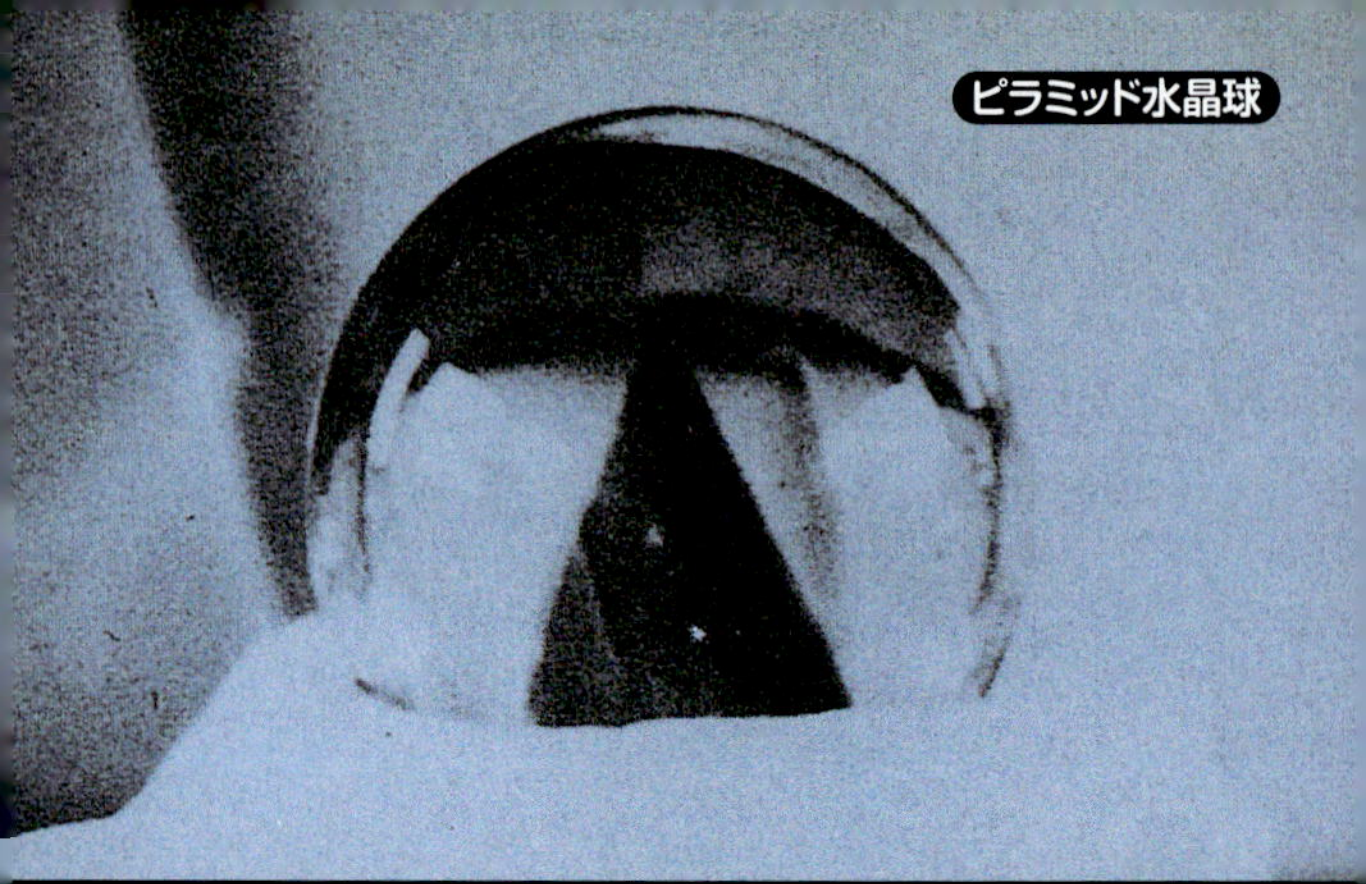

一定の角度から見ると、内部に黒いピラミッドの影が浮かび出る“ピラミッド水晶球”

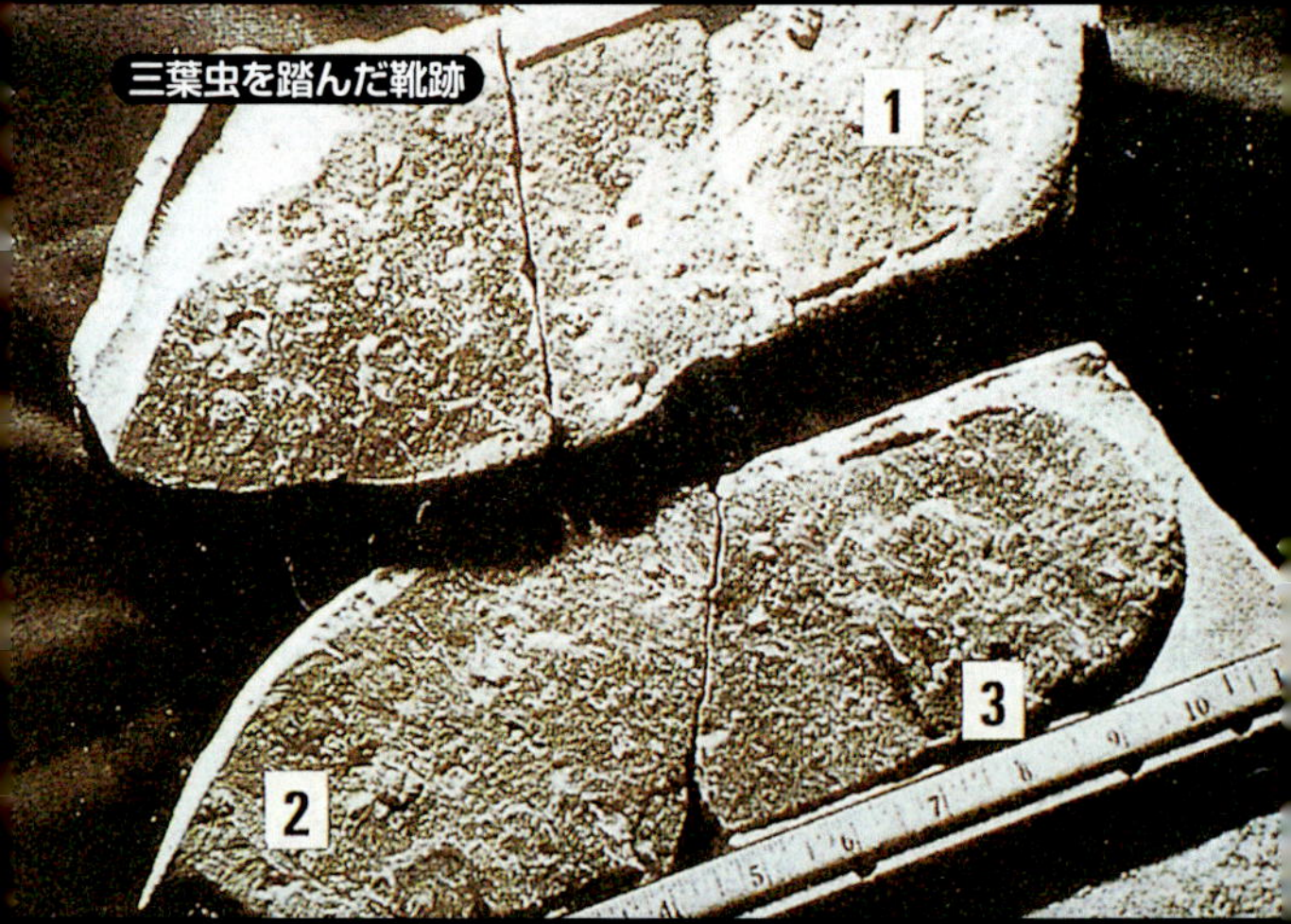

アメリカのユタ州アンテロープ・スプリングで発見された
5億年前の“サンダル靴跡”。数字の箇所で三葉虫を踏み潰している

巨石建築の不思議

ペルー、オヤンタイタンボの“６枚屏風岩”。
50トンから80トンはある巨石を、
高さ約150メートルの丘の上まで、
10キロ遠方の石切り場から
どのように運搬し運び上げたのか？

黄金に刻まれた文字

未解決の文字が浮き彫りされたエクアドルの黄金銘板

モアイ像に隠された秘密

典型的なイースター島のモアイ。
頭上の赤い石は帽子か冠か、それとも赤い髪の毛を表わすのか？

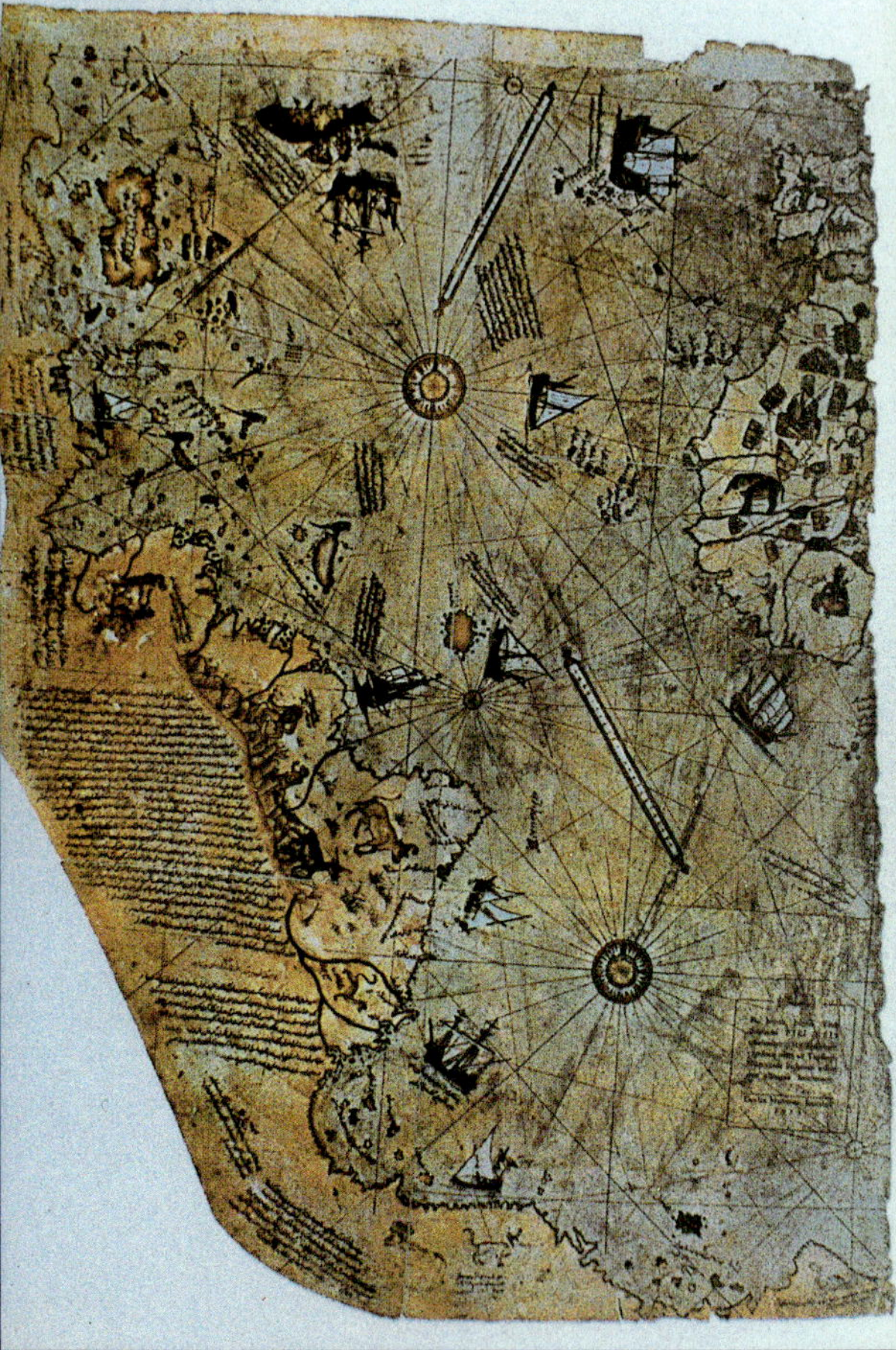

有史前世界地図

測量以前の南米大陸の海岸線（地図の左側）と未開発の南極大陸の北岸（下端）が描かれている、ピリ・レイス1513年地図

――まえがき――
謎と神秘に満ちた〝場違いな工芸品〟

オーパーツ？　オーパーツとはいったい何だろう？

おそらく一般のみなさんはもちろん、古代文明や遺跡についてよほど興味をお持ちの方でも、この用語はご存知ないだろう。英語でoopartsと書くが、目下のところは、まだどんな種類の辞典を引いても出てこない言葉である。

それも当然で、もともとは、〝それを生みだした時代や文化のレベルに合わない、場違いな工芸品〟という意味の英語のフレーズ、out-of-place artifactsを縮めてつくったまったくの新造語なのである。

もうちょっとわかりやすくいえば、古代のいつにしろ、その時代その文化の産物であることは確かなのに、その産物が属する時代や文化の科学技術、あるいは科学知識のレベルを、なぜかはるかに超えているように見える工芸品を、ひとまとめに呼ぶ総称なのだ。

40年以上前に、アメリカの超常現象研究家たちがその種の事物のはらんでいる不可解な謎を解こうと、便宜的な分類用語として使いだしたのが始まりだが、実際にはこの用語が生まれるはるか以前から、オーパーツに該当する事物はすでにたくさん私たちの目の前に突きつけられていた。

ただ、私たちのほうが、それらのオーパーツに秘められた大きな可能性に気づかなかったり、あるいは故意に目をそむけて無視していただけなのである。

私たちが学校で教わる人類文明の歴史では、今から300万年ほど前にホモ・サピエンスが誕生し、長い長い原始的な石器時代を経たあと、今から約5000年前にようやく文明のきざはしを登り始める。

メソポタミア、エジプト、インド、中国の四大古代文明から始まって、途中地方により多少の後退や停滞の時期こそあったものの、全体としては着実に段階的進歩を重ねて、ついに現在私たちが享受している高度の科学技術文明にまで登りつめた――そんな文明史観が、常識としてすっかり定着している。

しかし、ほんとうにそうだろうか。ひょっとして私たちの文明の前に、別の高度文明が存在していなかっただろうか――何らかの理由で破滅して、跡形もなく消え去った超古代の高度文明が。

　事実、太古、人類の黎明《れいめい》期に、平和と幸福に満ちた〝楽園〟〝理想郷〟〝黄金時代〟があったというユートピア伝承は、エデン、アトランティス、チューレ、ムー、アガルティ……と、名称や場所こそさまざまながら、世界中に古くから伝えられている。だが、そんなユートピアが実在したという証拠らしい証拠は、残念ながらまったくない。

　いや、証拠がないと決めつけるには早すぎるだろう。ひょっとしたらオーパーツこそ、そのような有史前高度文明の存在したことを告げる、かすかなこだまの残響なのかもしれないのだ。

　実際、過去数世紀のあいだに何度となく、世界中の歴史や考古学の研究者たちが、それを生み出した古代文化の技術や知識のレベルからはどうしても説明できない異常に高度な情報に基づく工芸品に出くわしては、そのたびに途方に暮れてきた。

　だが、そういった不可解な事物はけっきょく、従来の文明史観に合わないという理由で体制的な学界からは相手にされず、あるいは発見者の手元に残され、あるいは博物館の片隅に追いやられ、あるいはまた、保存倉庫の中で埃をかぶったまま、人々の記憶から忘れ去られてしまっている。

それが今、本書でオーパーツと呼ぶものなのだ。

太古の高度情報を秘めるこうしたオーパーツは、おのずから2通りに大別できるだろう。知識的オーパーツと技術的オーパーツである。

たとえば、メキシコのある古代文化は、明らかに恐竜を型どった土偶をたくさん残したが、製作者たちは人類の出現よりはるか昔に絶滅したはずの恐竜をどうして知っていたのか。生き残りを見たのだろうか、それとも恐竜に関する生物学的知識を太古の高度文明から受け継いでいたのだろうか……。

たとえば、トルコのある海軍提督は16世紀初頭、当時まだ未測量未発見だった南米や南極大陸が正確に記された航海用地図を作成した。彼は古代から伝わる古地図を参考にしたと書き残したが、古代世界では南米や南極など誰も知らなかったはずなのだ。そんな高度の地理的知識を、彼らはどこから入手できたのだろうか……。

こうしたオーパーツは、知識的オーパーツといえる。

たとえば、古代エジプト文明最初の王朝の墳墓から、航空宇宙用エンジンの金属部品そっくりの精巧な石造車輪物体が出土した。当時のエジプト人は車輪の原理も知らず、もちろんエンジンも存在したはずはない。彼らはどうしてそんな機械装置を知り、そのレプリカを副葬品として大切に埋葬したのだろうか……。

たとえば、イラクのある古代遺跡から、腐食の激しい銅の円筒と鉄棒入りの土壺がたくさん発掘された。ある科学者がその奇妙な組み合わせを一種のバッテリーと見ぬいて復元し、みごと発電に成功したが、私たちの科学史では電気の発見と利用は２００年も後世のはずなのだ。古代人はどうして電気の原理を知っていたのだろうか……。

こうしたオーパーツは、技術的オーパーツといえる。


どのような形にしろ、こうしたオーパーツの存在が事実であるかぎり、私たちのこの文明以前の文明が、それもユートピア伝説の起源となったほどの高度の科学技術文明が、有史前の忘却の厚いベールの彼方、超古代の地球上に実在したという可能性は誰にも否定できないはずだ。

本書は、そんな謎と神秘に満ちたオーパーツをひとつひとつ検証しながら、その厚いベールの向こうにあるものの真の姿を少しでも見定めようという試みである。

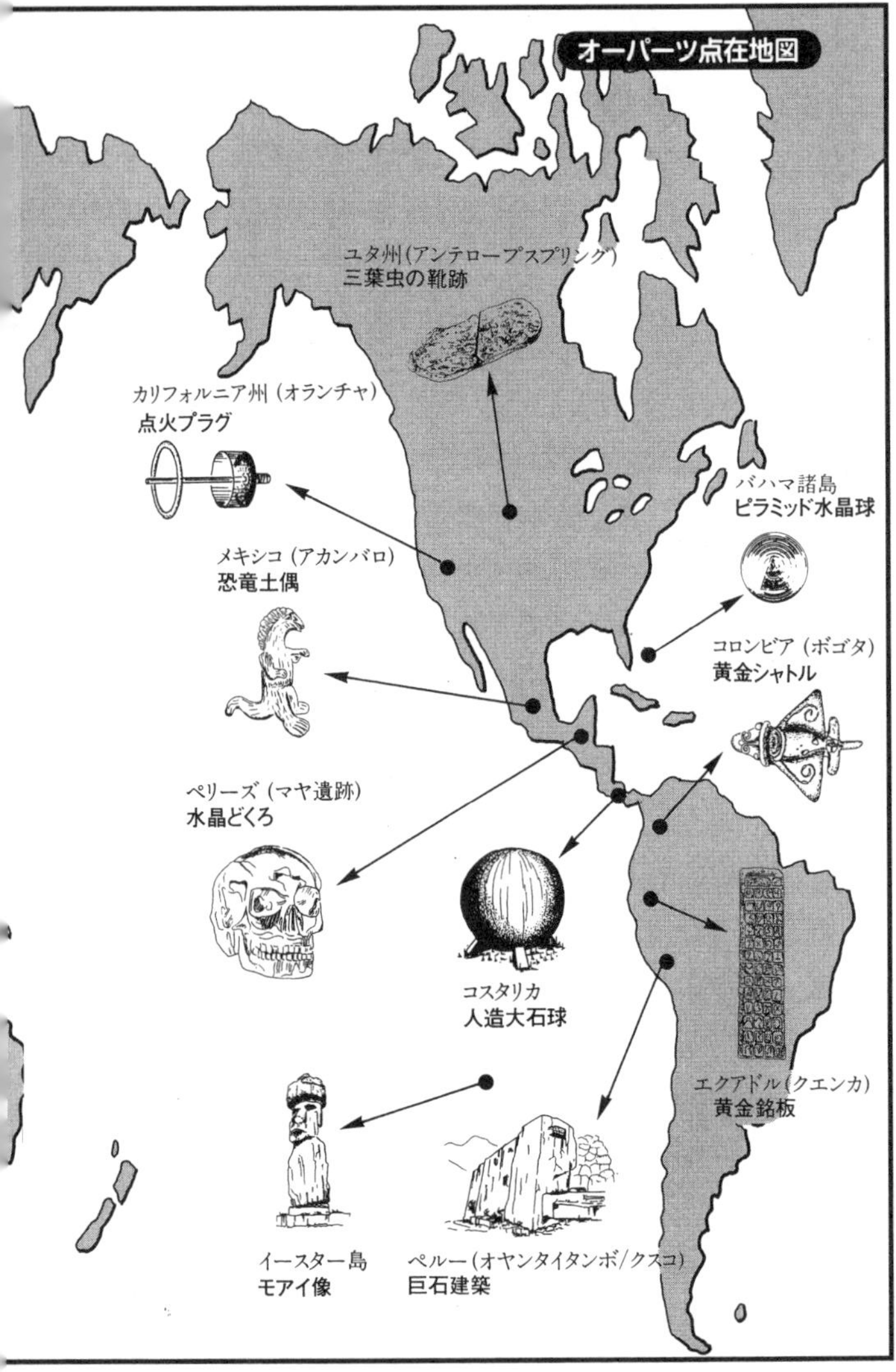

オーパーツ点在地図
ユタ州（アンテロープスプリング）
三葉虫の靴跡
カリフォルニア州（オランチャ）
点火プラグ
メキシコ（アカンバロ）
恐竜土偶
バハマ諸島
ピラミッド水晶球
コロンビア（ボゴタ）
黄金シャトル
ベリーズ（マヤ遺跡）
水晶どくろ
コスタリカ
人造大石球
エクアドル（クエンカ）
黄金銘板
イースター島
モアイ像
ペルー（オヤンタイタンボ/クスコ）
巨石建築

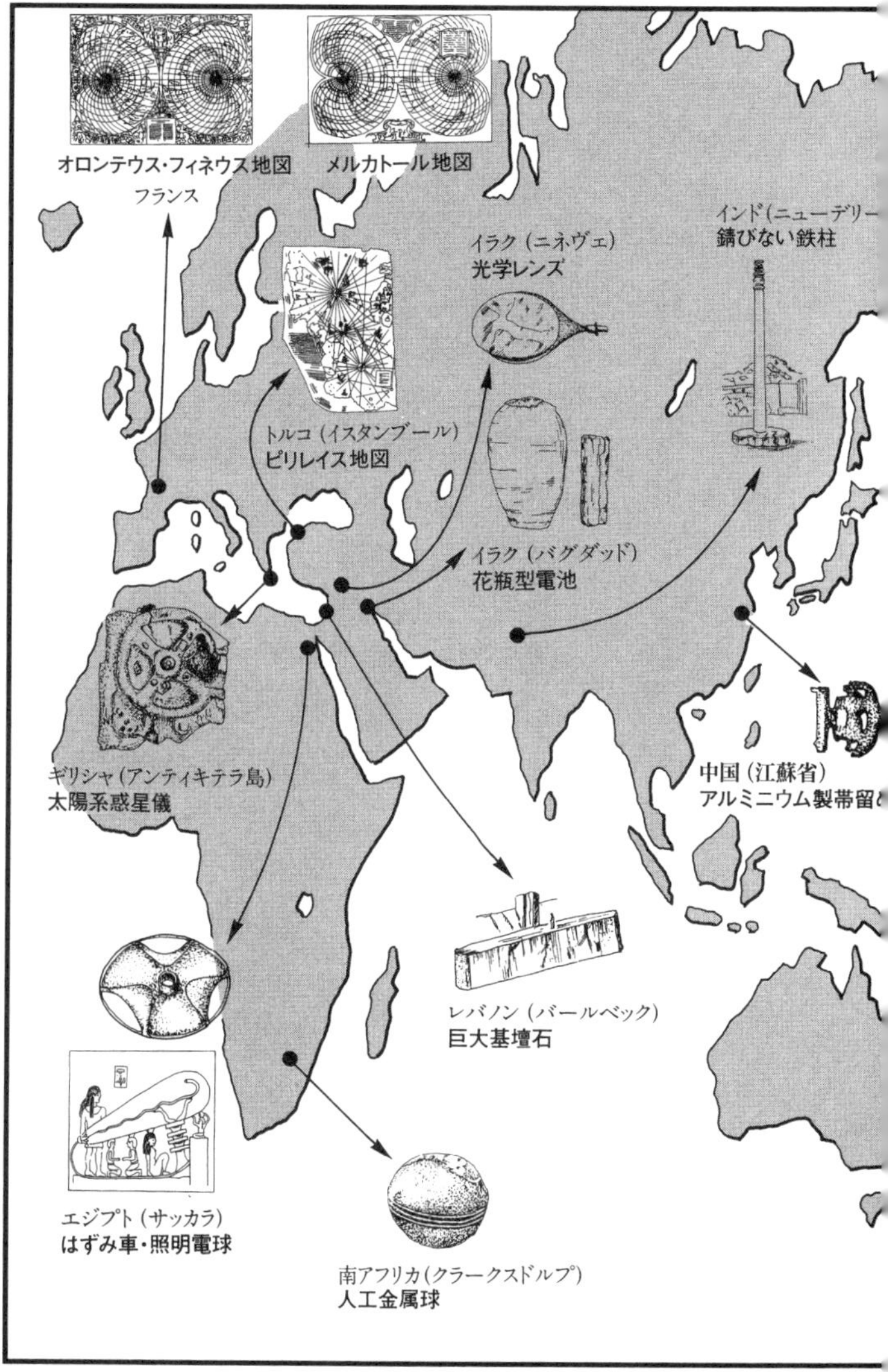
オロンテウス・フィネウス地図
メルカトール地図
フランス
イラク（ニネヴェ）
光学レンズ
インド（ニューデリー
錆びない鉄柱
トルコ（イスタンブール）
ピリレイス地図
イラク（バグダッド）
花瓶型電池
ギリシャ（アンティキテラ島）
太陽系惑星儀
中国（江蘇省）
アルミニウム製帯留
レバノン（バールベック）
巨大基壇石
エジプト（サッカラ）
はずみ車・照明電球
南アフリカ（クラークスドルプ）
人工金属球

contents

まえがき……17
vol.1 古代人の恐竜土偶（メキシコ・アカンバロ）……27
vol.2 水晶どくろの妖魔（ペリーズ・マヤ遺跡）……47
vol.3 晶洞石に潜む点火プラグ（カリフォルニア州・オランチャ）……55
vol.4 人造大石球の謎（コスタリカ）……63
vol.5 精巧な太陽系惑星儀（ギリシャ・アンティキテラ島）……79
vol.6 太古の花瓶型電池（イラク・バグダット）……85

vol. 7 飛翔する黄金シャトル（コロンビア・ボゴタ）……93
vol. 8 錆びない鉄柱（インド・ニューデリー）……109
vol. 9 神殿の超巨大基壇石（レバノン・バールベック）……115
vol. 10 機械じかけのピラミッド（エジプト・サッカラ）……123
vol. 11 ピラミッド水晶球（バハマ諸島）……147
vol. 12 三葉虫を踏んだ靴跡（ユタ州・アンテロープスプリング）……151
vol. 13 巨石建築の不思議（ペルー・オヤンタイタンボ／クスコ）……155
vol. 14 黄金に刻まれた文字（エクアドル・クエンカ）……173

vol.15 古代の光学レンズ（イラク・エネヴァア） 177
vol.16 モアイ像に隠された秘密（イースター島） 183
vol.17 アルミニウム製帯留め（中国・江蘇省） 201
vol.18 28億年前の人工金属球（南アフリカ・クラークスドルプ） 205
vol.19 有史前世界地図 209
あとがき 225

vol.
1

古代人の恐竜土偶

メキシコ・アカンバロ

恐竜土偶をもとめて

人類には、はたして恐竜と共存した時代があるのだろうか？

ＳＦ小説やＳＦ映画なら、そんな設定のストーリーもたくさんあるが、生物学上の問題としては、答えはもちろんノーだ。定説では、恐竜の絶滅は、今から６５００万年も昔だが、人類が地球上に出現したのは、せいぜい４００万年前。両者の時代があまりにもズレすぎていて、とうてい共存したとは考えられないからである。

――というのが、従来の〝常識〟だった。

ところが、マヤやアステカなどの古代文明で知られる中米メキシコに、おそらくもっとそれ以前の時代、〝恐竜〟をかたどった土偶や石偶を無数につくって遺したユニークな古代文化が存在していたらしい。らしいというのは、正統考古学界からはまだ正式に認められていないからだが、ここでは出土地の名にちなんでひとまず〝アカンバロ土偶文化〟と呼ぼう。

アカンバロ市は首都メキシコ・シティから西北に１８０キロほど離れた、地味だが歴史の古い美しい田舎町である。

何かを威嚇するかのように、両の翼を広げて立つ恐竜。
はたして製作者は実物を見たのだろうか

私がその〝恐竜土偶〟の竜に魅せられて、初めてここを訪れたのは1979年。〝恐竜土偶〟を調べにきた外国人の研究者は、事実上私がわずかに2人目で、最初に訪れたチャールズ・ハプグッド教授以来、なんと20年ぶりのことだった。それほどまでに、この〝アカンバロ土偶〟は、考古学界から無視されてきた存在なのだ。

ハプグッドは惜しくも1982年に他界したが、当時、アメリカ、ニューハンプシャー州キーン州立大学の地質学者だった彼の〝アカンバロ土偶〟に関する貴重な研究報告を読んだおかげで、私もまた現地調査への衝動に激しくかりたてられたのである。

以後、私はその取材の結果を折にふれて紹介してきたが、それが役に立って、テレビのドキュメンタリー番組『新世界紀行』（1991年放映）の現地取材スタッフに企画協力者として参加することになり、ふたたびアカンバロの土を踏むチャンスを与えられたわけだ。

そして――。アカンバロ博物館は以前は1室きりのみすぼらしい建物だったのに、小さいながらも瀟洒《しょうしゃ》な街なかの建物に移転していた。展示物は当時と同じ古代チュピカロ文化の遺物中心で、〝恐竜土偶〟の類いは依然飾られていなかったが、その大半が市の管理下に移され、市役所の倉庫に収容されていた。

恐竜土偶の展示会が開かれたアカンバロ市役所、展示室
の内部。雛壇の上にたくさんの恐竜土偶が飾られている

タイミングのいいことに、私たちが訪れた10月の後半には、4世紀前このアカンバロを建設したスペイン人指導者の記念祭が毎年15日間ぶっとおしで行なわれるとかで、市役所内のホールに雛段が設けられ、おもに〝恐竜土偶〟を2000点ばかり埃をはらって陳列し、市民に初公開する準備が進められていた。

だが、この2000点は、出土した〝アカンバロ土偶〟のほんの一部にすぎない。3万数千点を数えるという膨大なコレクションは、依然として現在も未調査のまま数千個の段ボール箱に詰めこまれて、市役所裏手の倉庫内に眠っているのである。

アトランティスの遺産

そもそもこれらの〝アカンバロ土偶〟は、半世紀近く前に地元有力者の趣味的コレクションとしてスタートしたのが不幸だったといえるかもしれない。

1945年7月、考古学マニアのドイツ人実業家ヴァルデマール・ユルスルートが、町はずれの〝牡牛山《ブル・マウンテン》〟のふもとで破片を発見したのが始まりであり、以後7年間、おもに使用人の農夫ディロン・ディナヘロ一家に命じて、付近を手当たりしだいに掘り返させ、精力的に収集したものなのだ。

その一方で彼は、専門家による本格的な発掘調査を熱望したが、なにしろ一見ありえない〝恐竜土偶〟が圧倒的多数を占めていたうえ、彼自身も〝マヤ・インカ文明アトランティス起源〟説を持ち出して説明しようとしたのが災いして、考古学界からは最初から拒否反応を示されてしまった。

「中南米の古代諸文化は、太古のアトランティス文明の遺産を引き継いで成立したものだ。これらの土偶もその産物である。テノチティトラン（アステカ王国の首都。現在のメキシコ・シティ付近）の博物館に長年保存されていたが、スペイン人の侵略の際、まるごとアカンバロまで運ばれて隠匿されたのだ」

ユルスルートはそう主張したのである。

たしかに、古代エジプトをはじめ、世界各地の古代文明の母体を、超古代文明アトランティスに求める仮説を前提にすれば、〝アカンバロ土偶〟が示す独特のさまざまな特徴は、きわめて説明しやすくなる。

ここでひとまず先入観を頭から追いはらい、虚心坦懐《きょしんたんかい》に〝アカンバロ土偶〟の数々を観賞してみることにしよう。

全般的にどの土偶にも、驚くほど奔放で強烈な造型感覚と奇怪で異様な原始的活力がみなぎっていて、それだけでも見る人の心を打ち、とうていインチキの一言ではかたづけられないものがある。

モチーフはティラノサウルス、プレシオサウルス、ステゴサウルス、プテラノドンなどの恐竜、翼竜がいちばん多いが、そのほか猿人、ヒトコブラクダ、サイ、リャマ、ゾウ、ウマ、イヌ、トリ、サル、アルマジロなどの古代種や絶滅動物から、怪神、獣人などの神話的なもの、さらにそうした動物の存在として古代人の交流や共存を表現した作品も多い。また、装飾品か祭礼用の仮面、笛、壺、鉢、武器、工具など、古代人の生活用品も混じっている。

素材は大半がいろんな土質と色合いの粘土細工や焼き物だが、ほかに花崗《かこう》岩、ヒスイ、黒曜石など硬い材質の石彫りもある。大きさもさまざまで、わずか5ないし10センチ大から1メートル以上の巨大なものまである。

とりわけ重要なのは、デザイン様式の多様さだ。どの特定の古代文明とも異質でありながら、それと判別できる程度の微妙さでほかの中南米諸古代文化はもちろん、北米インディアン、エジプト、シュメール、メソポタミアなどとの共通性が見られる。日本の縄文期の土偶や土器とどこか似通ったものまである。

人物像にいたっては、インディオばかりでなくモンゴル、コーカサス、ポリネシア、黒人など、ほかの人種的特徴を備えた作品まであるのだ。

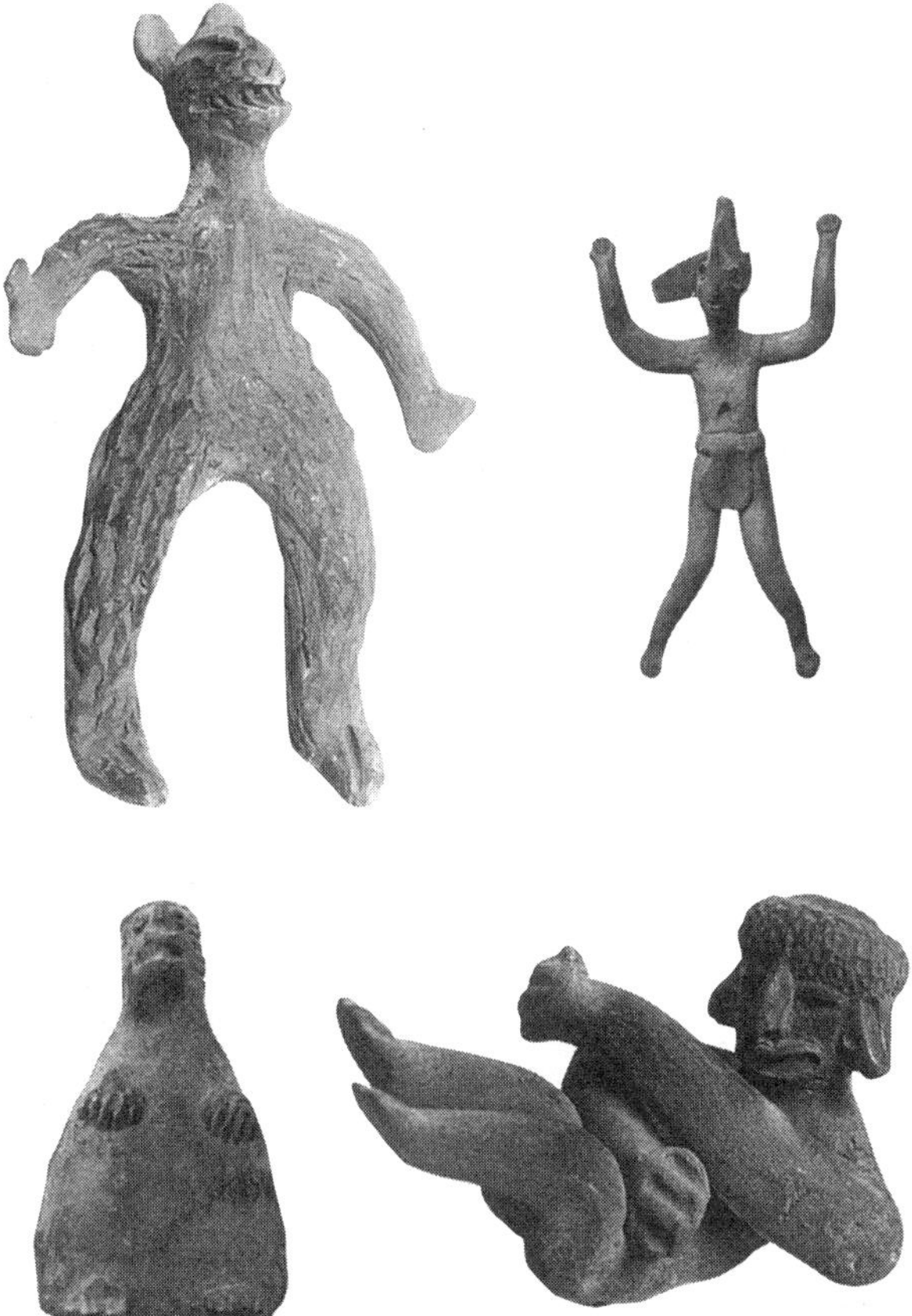

人物像のなかにはこんなユーモラスでグロテスクな怪人像もある

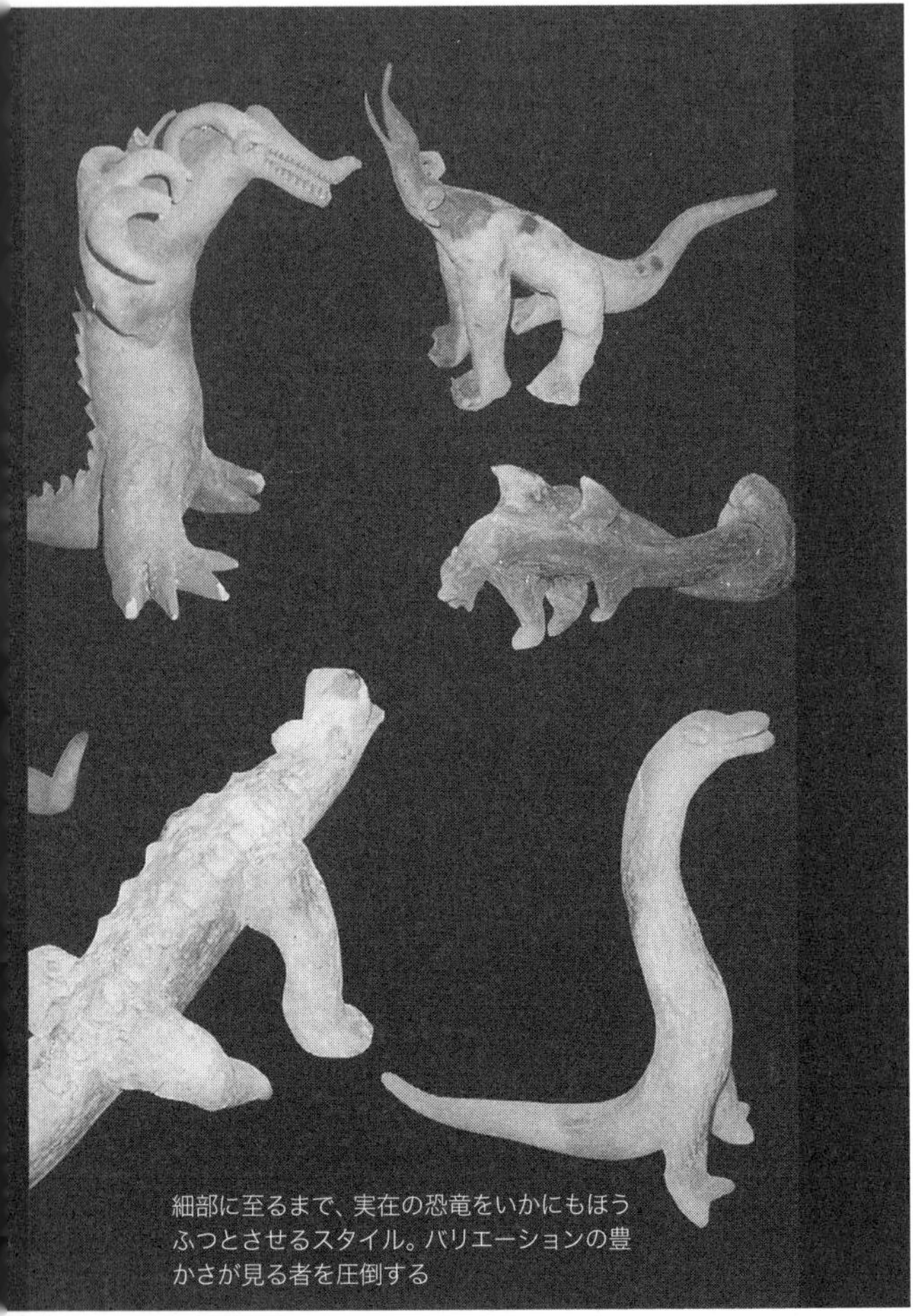

細部に至るまで、実在の恐竜をいかにもほうふつとさせるスタイル。バリエーションの豊かさが見る者を圧倒する

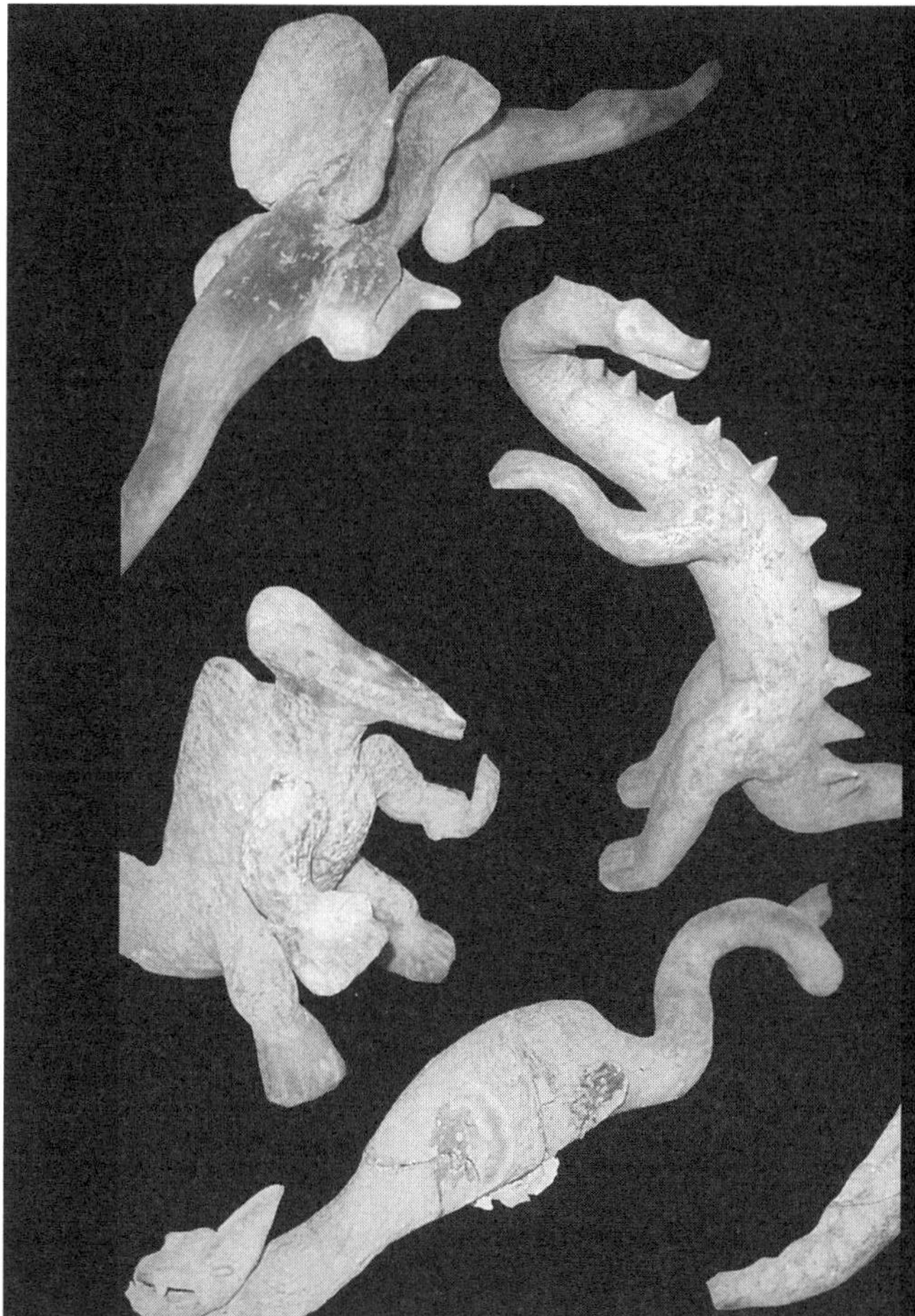

世界最古の文明圏でつくられていた!?

前述のハプグッド教授は、こうした〝アカンバロ土偶〟が偽造された可能性について、徹底的な現場検証を行なった。

友人の弁護士で推理小説家E・S・ガードナー（弁護士探偵ペリー・メースンのシリーズで日本でも知られている）の助力も得て、生前のユルスルートに会い、彼が土偶を一度も金銭に換えたことのない尊敬すべき人格者だったこと、土偶の数量と技術的芸術的多様性からみて、農夫一家ぐるみでもイカサマは不可能なこと、製作に必要なカマドも燃料もまったく存在しなかったことなどを立証したのだ。

ハプグッドはまた、真偽の確認におもしろい実験をやってみた。たまたま土偶の出土地域内に、当時の20年以前から（つまり発見騒ぎが始まる以前から）地元の警察署長の自宅が建っていたのを幸い、その床下を試掘させてもらったのである。居間の下を地下2メートルまで掘り下げたところで、予想どおりユルスルートのコレクションと同種の土偶が、大量43個もいっぺんに発見された。

この署長までがイカサマに加担したとか、家人の知らぬうちに外部者がこっそり床下に埋めこんだとか、あるいはだれかが20年以前からこんなインチキを仕組んでおいた、などという可能性はまずあるまい。

さらにハプグッドはもっと決定的な真偽判定手段として、放射性炭素C14による年代測定法を採用した。

１９６８年に土偶破片のサンプルを3種類、アメリカ有数の権威ある年代測定専門会社アイソトープ社の研究所に送って依頼したところ、それぞれＢＣ１６４０年、ＢＣ４５３０年、ＢＣ１１１０年と、いずれも西暦紀元のはるか以前の産物だという結果が出た。とくに第2サンプルの恐竜土偶の破片は、シュメールよりも古い最古の年代を記録したのである。

ついで翌年、ハプグッドは友人の航空機設計技師アーサー・ヤング（有名なベル・ヘリコプターの設計者）を通じて、当時ペンシルベニア大学の研究所で新開発されていたばかりのＴＬ（熱ルミネッセンス）年代測定法でも、３種類の土偶破片を測定してもらった。

C14法はサンプル内の有機物を測定するが、ＴＬ法は無機物に含まれる熱エネルギー量を測定してサンプルが加熱された年代を割り出す、より精度の高い方法である。

結果は3種のサンプルとも、焼かれた年代がＢＣ２５００年（誤差は5～10パーセント）と出たのだ。

じつはこのとき、測定当事者のペンシルベニア大学側があまりの結果に驚いて発表をためらい、この技術がさらに洗練されて信頼性が確認された3年後の1972年、あらためて別の4種の土偶破片を慎重に測定しなおした。それぞれ18回も反復測定したにもかかわらず、やはりまったく同様の結論に達したのである。

古代に恐竜と人間が共存⁉

ハプグッド教授はこの科学的成果を踏まえて、

「BC2500年かそれ以前、アカンバロには中南米最古の母体的〝始原《しげん》文化〟が栄え、おそらくエジプト、メソポタミア、中国、インドなど同時期の他地域の古代文明とも何らかの接触があった」

との大胆な仮説を立てた。そして〝アカンバロ土偶〟に表現される古代人の生活ぶりや動物相から推理して、当時のアカンバロ近辺の気候は温暖多雨で、豊かな湖水と緑したたる大森林地帯が広がっていただろうとする。

また、以上の仮定は同時に、これまで否定論の根拠とされてきた4つの事実をうまく説明してくれるというのだ。

第一に、考古学史上類例のないほど大量に、しかもほとんどが完成品で発掘されたこと。だが、これはユルスルートの主張が基本的に正しく、有史前の〝始原文化〟の神聖な遺産をスペイン人の略奪から隠す目的で注意深く埋蔵したためと考えられる（現在では同様の実例として、近年発見された秦の始皇帝の〝兵馬俑《へいばよう》〟がある。これも神聖な目的でひそかに埋蔵されたものだ）。

第二に、土偶のデザイン様式が、どの既知の古代文化とも合致しないこと。だが、それらの諸文化を数千年先行する〝始原文化〟なら、それも当然である。

第三に、地中に長く埋もれていたなら土偶の表面に古サビ――土中塩分の付着が見られるはずだが、それがないこと。だが、これはあくまで地中の場合で、砂中なら古サビが生じないという。〝アカンバロ土偶〟は太古の湖岸の砂地だったと思われる場所に埋められていたうえ、埋蔵位置が水はけのよい火山岩層斜面のすぐ上部だったため、水が運んでくる塩分が蓄積されなかったのだ。

第四に、人類と恐竜は時代がまったく異なるのに、〝恐竜土偶〟が存在すること。だが、ほかの民族にも例があるように、アカンバロの古代人も神話動物のドラゴンを崇めていたか、または彼ら自身が実際にこの付近に生き残っていた恐竜類を目撃していたのかもしれない。当時は温暖で水も豊富な環境だったとすれば、その可能性も大いにありうる、とハプグッドは考えたのである。

このハプグッド教授の〝アカンバロ始原文化〟説は、大胆ではあるが論理的整合性に富んでいる。土偶や土器以外にはまだ遺跡的な証拠すら発見されていないので、もちろん仮説の域は出ないが、この説に有利な間接的な状況証拠なら、私自身もいくつか挙げることができる。

生物進化史は間違っているのか!?

アカンバロが属するメキシコ溪谷高原の一帯は、現在では乾燥しきってめったに雨が降らない。だが、深い浸食の爪跡が随所にあり、最近の地質調査では、約1万2000年前に氷河期が終結した後（アトランティスが海没したとされる年代でもあるが）、かなりの期間、谷間に満々たる水をたたえた大きな湖があって、周辺に大森林が繁茂していたということが認められつつある。

またメキシコ・シティの西南郊外に、キキルコという中南米の全古代遺跡を通じて唯一の奇妙な円錐形状神殿遺跡が発見されているが、この遺跡を覆っている堆積溶岩

人と恐竜がたわむれるさまを表わす土偶。
ただの空想の産物なのか？

層の最下層をＵＣＬＡ（カリフォルニア大学ロサンゼルス校）がＣ14測定した結果、平均値がＢＣ２１６１年と出て、考古学界に一大波紋を投じた。

場所といい年代といい、またその独特の形状といい、ここもまた中南米最古の〝アカンバロ始原文化〟圏内に属していた可能性は十分にある。事実、私はキキルコ遺跡のそばのみすぼらしい博物館で、〝恐竜土偶〟こそなかったものの、〝アカンバロ土偶〟とまったく同一のつくりの土偶を、この目で確認しているのだ。

さらにメキシコと国境を接する米国アリゾナ州の、しかもアカンバロと同じ山脈中のハバスパイ溪谷には、数千年前の川面《かわも》の高さだった岩壁に、くっきりとティラノサウルスらしい恐竜の絵が描き残されている。同じくメキシコと境を接するテキサス州パラクシー川流域の古い干上がった石灰岩質河床にいたっては、なんと恐竜と人間の足跡が仲良く並んで点々と記されているのだ！

恐竜と人間がたわむれている〝アカンバロ土偶〟の世界が、今にも眼前に浮かんでくるようではないか。

このパラクシー河床の石灰岩層の年代は、１億２０００万年前の中生代白亜紀、すなわち恐竜の時代に生成されたものだ。

ところが、当の足跡を発見したオクラホマ大学の地質学者ジョン・チリス博士のグ

米アリゾナ州ハバスパイ渓谷の高い岸壁に残る“恐竜”の岩絵

米テキサス州のパラクシー河流域の干上がった川床に、仲よく刻まれた“恐竜”と“人間”の足跡

ループが、同じ石灰岩層中の複数の木片サンプルをやはり権威あるUCLAでC14測定してもらったところ、わずかに3万8000年から1万2800年前、人類の時代のものと出たのである。

となれば、論理的な可能性は、次の3通りしかない――。〝恐竜の時代〟に人類もすでにいたのか？　〝人類の時代〟にまで恐竜が生き残っていたのか？　それとも、私たちと同様に化石から恐竜の知識を得た超古代文明人が、その科学知識の遺産を古代人に残した結果なのか？

ユルスルートがその情熱のありったけをかたむけて収集した〝恐竜土偶〟の出土地域は、アカンバロの北に面するセロ・デル・トロ（牡牛山）のふもと、今では人家の建ち並ぶあたりから、そのさらに北側、現在は35年前に完成したプレサ・ソリス（太陽ダム）の水底となった一帯にかけてだという。

あのハプグッドの試掘実験を最後に、一度も試みられていない〝アカンバロ土偶〟の発掘が、もしあらためて今度こそ専門家の手で行なわれるなら、この問題の解明の糸口もきっと見つかると思うのだが、はたしてそれはいつの日のことだろうか。

vol.
2

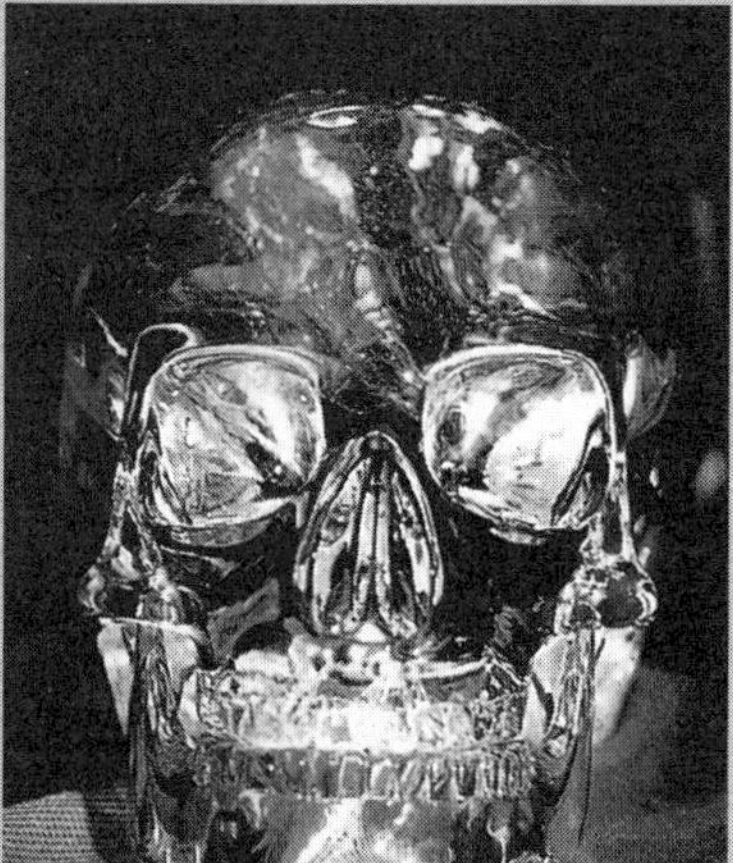

水晶どくろの妖魔

ペリーズ・マヤ遺跡

学者たちから無視された大発見

古代人にとって不可能とはいわぬまでも至難の業だったにちがいない精巧きわまる研磨加工技術があったことを裏づけるオーパーツは、中米の小国ベリーズ（当時は英領ホンジュラス）のマヤ遺跡から発見された〝水晶どくろ〟である。

発見したのは、イギリスの大探検家フレデリック・A・ミッチェルヘジス。1927年、彼がルバアントゥム遺跡を発掘中、養女のアンナが偶然17歳の誕生日の当日、倒壊した壁に隠されていた祭壇の下から見つけだした。

そのときは取り外し可能の下顎《かがく》部分が欠けていたが、3カ月後、わずか7メートル離れた場所から、同じアンナによってその部分も発見されたのである。

この〝水晶どくろ〟は、下顎部分も含めて全体が1個の大きなロッククリスタル（無色透明な石英結晶体）を加工研磨したもので、いわゆる頭骨縫合線が示されていない点を除けば、あとはほぼ実物大の人間の頭蓋骨、それもおそらく女性のそれを型どったと推測できるほど、解剖学的に忠実につくられている。

もともとアメリカ大陸の先住民アメリンド（インディアンやインディオ）の文化と芸

術にとって、人間の頭蓋骨というのは重要なモチーフで、死を通しての生命の再生を象徴するものだったらしい。

スペイン人が中米メキシコ最後の古代アステカ帝国を侵略したとき、アステカ人は小さな水晶どくろ類を製造していた、あるいは少なくとも先祖代々神聖に継承していたと、当時の記録にもある。

現在、大英博物館の人類学別館には、ミッチェルヘジスの水晶どくろとほぼ同サイズでやはり精巧なつくり（ただし、下顎部分は取り外しがきかない）の水晶どくろが展示されているし、フランスのパリ人類博物館《ムセエ・ド・ロム》にも、サイズが2分の1の小ぶりのものが飾られており、いずれもミッチェルヘジス以前にメキシコから持ち帰られたものだ。

しかし奇妙なことに、この文化的にも技術的にも考古学的にもきわめて価値の高いはずのベリーズ出土の〝水晶どくろ〟は、当初、学者たちからほとんど無視された。

おそらくミッチェルヘジス自身が、「これはもともとアトランティスから由来したものだ」と主張したことにも一因があるだろう。１９４３年にはロンドンの美術商がミッチェルヘジスから借金のカタに取って、有名なサザビーズ競売場でセリに出したが、４００ポンド（当時約２０００ドル）でも売れなかった。現在ならゆうに30万ドル以上の値がつくだろう。

けっきょくこの〝水晶どくろ〟は、遺産の一部としてアンナの手もとに残され、個人所有物のせいもあって、製作年代や起源を含め、科学者の本格的な分析調査を受けないまま現在に至っている。

高度な加工技術と内部構造の謎

だが一方では、水晶のもつ独特の神秘性も手伝ってか、この〝水晶どくろ〟をめぐる怪事件や怪現象の話が評判となり、１９６０年代後半頃から古代史や超常現象の研究家によってさかんに研究されるようになった。

オーパーツとしての謎は、まず、非常に硬いロッククリスタルをこれほど自在に切断して正確な頭蓋骨型に整形してのけた、その高度の加工技術である。

水晶は10段階のモーズ式硬度基準で7ぐらい、ダイヤ、サファイア、ルビー、トパーズに次いで硬いので、マヤやアステカ時代に使われた銅製工具では歯が立たず、現代の鋼鉄製ポケットナイフでもほとんどひっかき傷もつけられない。

といって、古代人がダイヤなどの硬い宝石を道具に使っていた証拠もまったくないのだ。

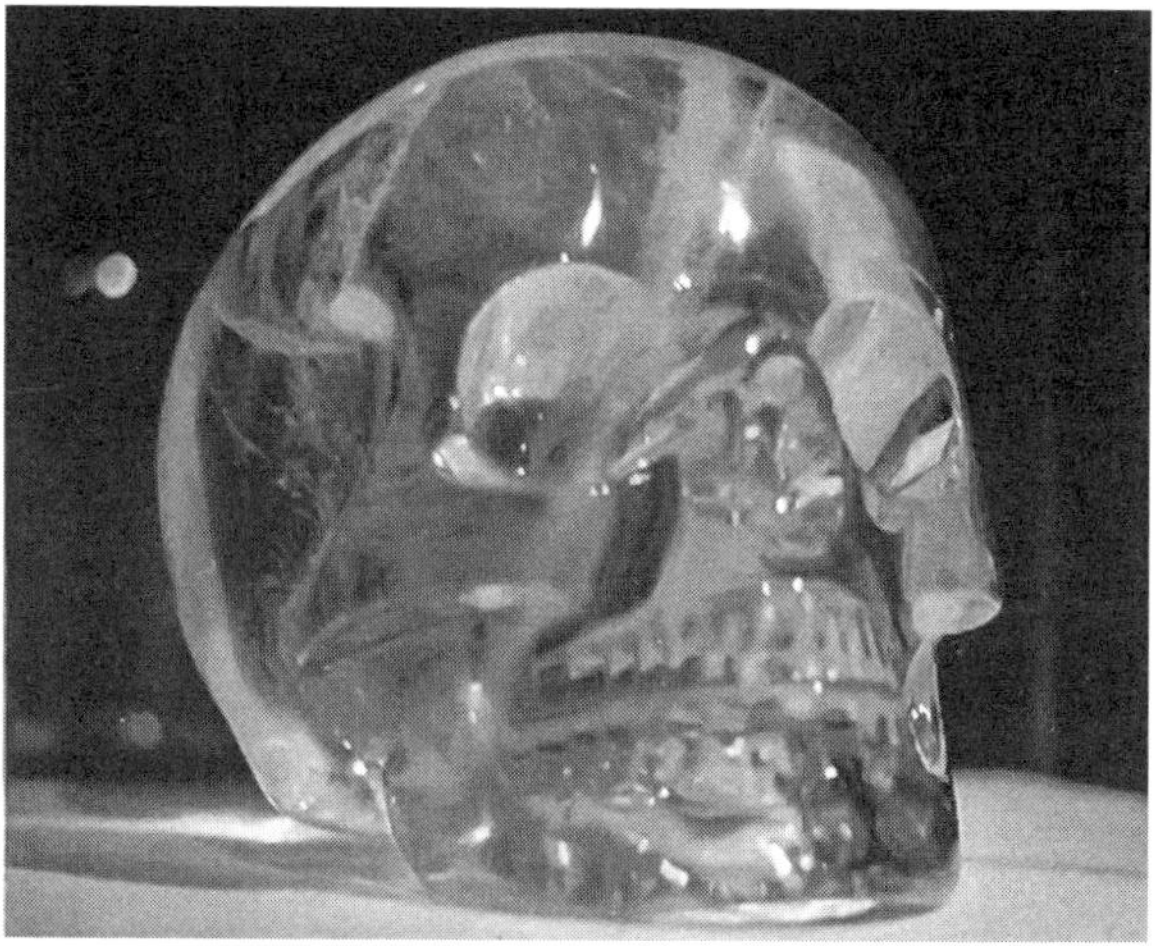

大英博物館所蔵の水晶どくろ

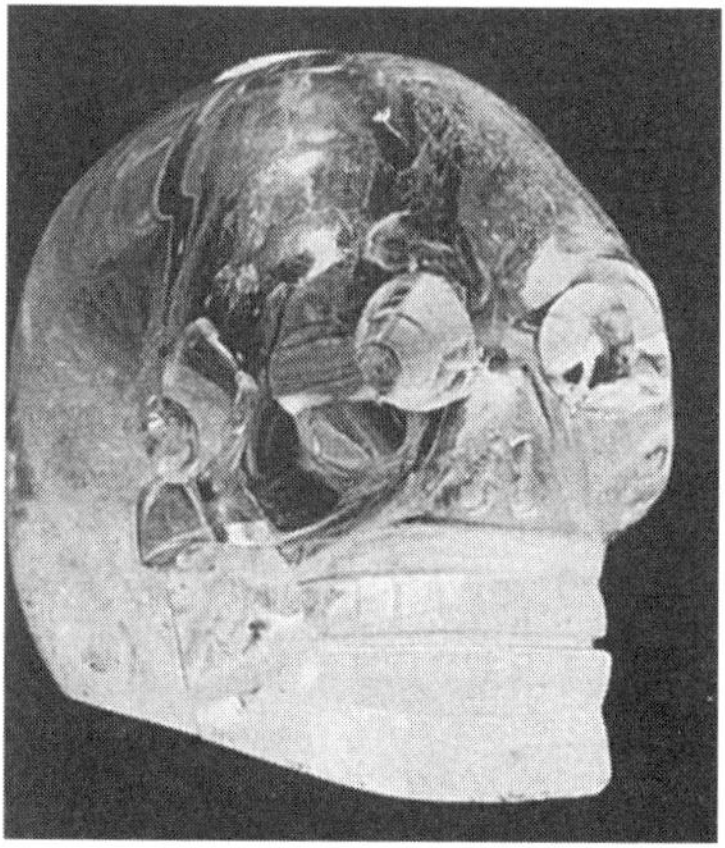

パリ人類博物館所蔵
の水晶どくろ

水晶と同じ化学的構造と硬度を持つ砂（二酸化珪素《けいそ》）で研磨すれば、整形加工は可能だが、非常な長時間を必要とする。さらに仕上げの光沢《つや》だしには、古代人にも知られていた赤い顔料のベンガラで根気よく磨けばよい。

これは現代でも鉄丹《てったん》と呼ばれて、研磨用に使われているものだ。ミッチェルヘジスは、アトランティスの神官階級がおそらくこうした方法を奴隷たちに使わせ、150年がかりで完成させたのだろうとしたが、むろん憶測の域にしかすぎない。

彼はまた、大英博物館の水晶どくろが大きさも形もほとんどそっくりな点から、べリーズの水晶どくろの姉妹品として同時期につくられたが、ただ下顎部分が切り離されていない分、後者は未完成だったのではないかとした。

ただ、その歯列の溝線には回転力応用の道具が用いられた形跡があり、それにまちがいなければ、車輪も滑車もろくろも知らなかったマヤやアステカ文化の産物とはますます考えられなくなる。

このオーパーツ独特の神秘的雰囲気をかもしだす内部構造をどうやってつくりだせたのか、というのも謎である。

水晶に魔法的性質を見出すのは昔から世界じゅうに共通しているが、とくにマヤの末裔《まつえい》は今日でも、透明な水晶をザストゥン（まじない石）と呼んで珍重している。水晶どくろはさしずめ、きわめて手のこんだ形の〝まじない石〟といえるだろう。

たとえば、解剖学上頬骨弓《ほおぼねきゆう》と呼ばれる両側の部分が完全かつ正確に頭骨本体から分離され、そこが〝光導波路《ライト・パイプ》〟の働きをして、光が眼窩《がんか》まで送りこまれる仕掛けになっている。

また頭骨の底部、口蓋にあたる部分の表面がプリズム構造になっているため、下に光源を置くと光がどくろの内部で複雑微妙な屈折を起こし、幻妙不可思議な効果をかもしだす。そこには小さな穴もうがたれているので、取りつけられた何らかの機械装置が下顎を支えたまま動かすような仕組みにもなっていたらしい。

おそらくこの水晶どくろは、神殿内の暗い内陣に安置されて下から照明をあて、儀式の祈りや神託の言葉に合わせて下顎を動かす、といったような使われ方をしたものと思われる。

そして占星術師の水晶球と同じような超常的効果を発揮しただろうし、少なくとも催眠効果や集中力を高めるのには大いに役立っただろう。

現実にも、この水晶どくろを所有者から借り受けて観察した研究家の何人かは、深夜かん高いチャイムか鐘の音、猫の鳴き声、あるいはひそひそ話の人声みたいな怪音が発されたとか、さまざまな匂いを出したとか、透明な内部が曇ったり虹のように色を変えたりオーラを放ったりするのを見たとか、いろんなタイプの神秘体験を報告している。

vol.
3

晶洞石に潜む点火プラグ

カリフォルニア州・オランチャ

不思議な〝晶洞石〟の発見

1961年2月13日、アメリカのカリフォルニア州オランチャの北東約10キロのコソ山脈で、男女3人の鉱石収集家が不思議な晶洞石《しょうどうせき》を発見した。〝晶洞石〟というのは、石灰質や粘土質の岩中にできる中空球状体だが、内面に石英などの美しい結晶の生じたものが多いので、両断して内部が見えるようにしたものが、観賞用貴石として珍重されている。

発見者のマイク・マイクセル、ウォーリー・レーン、ヴァージニア・マクシーは、オランチャ市で宝石貴石のギフトショップを共同経営しており、この日は標高1００0メートル前後の、オーウェンズ湖に近い峰の頂上付近で、珍しい岩石標本をあさっていて問題の晶洞石を見つけたのである。その晶洞石には外殻の部分に、化石貝の破片が埋まっていた。

店の作業場に持ち帰った翌日、晶洞石の場合いつもそうするように、ダイヤ丸鋸《まるのこ》で真っ二つに割った。この晶洞石は内部がいやに硬くて、切断するのにえらく骨が折れた。あとでわかったが、新調したばかりの大型丸鋸のダイヤ刃が完全にぼろぼろに

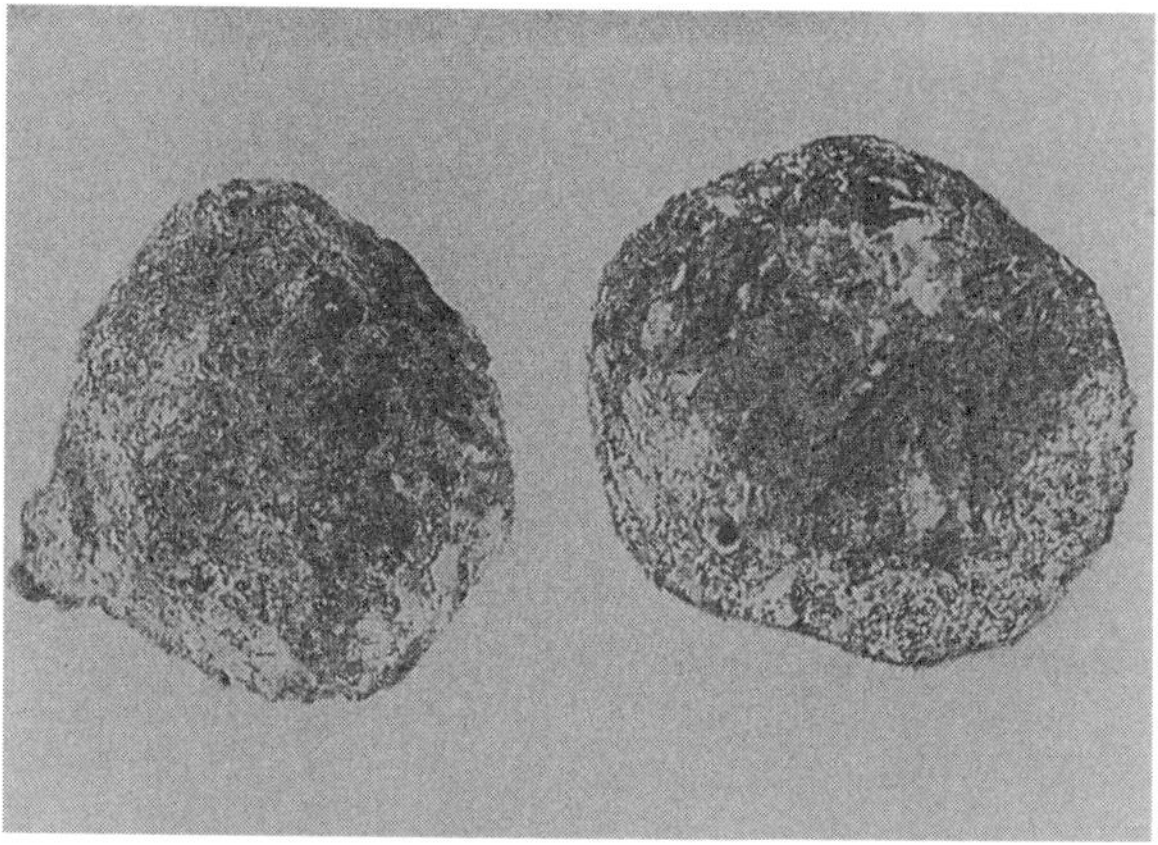

切断された"コソ晶洞石"の表面。右側の左下の"座金"
みたいな金属物は"点火プラグ"か？

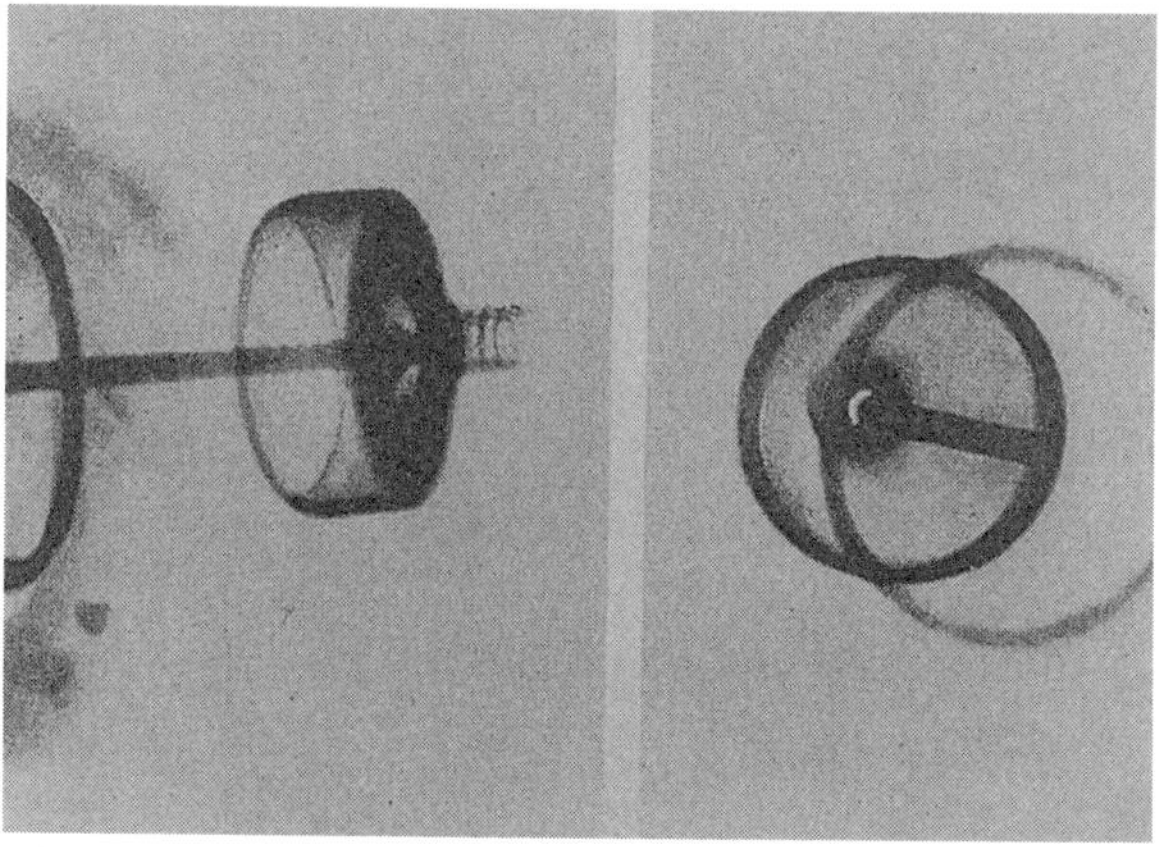

晶洞石をX線写真で撮影したところ……

なってしまった。

驚いたことに、たいていの晶洞石は中空なのにこの〝コソ晶洞石〟はそうではなく、かわりに非常に硬いセラミック（陶磁器）のような白い物質でできた直径2センチの完全な円板状リング（環状物）がはめこまれ、その中心部には直径2ミリほどの明るい色の金属的物質のシャフト（軸棒）が通っていた。このシャフトは磁石に反応することが判明した。

リング部分の外側には、木製とおぼしき六角形状のケーシング（外枠）も一部が見てとれた。この木質部分は化石化していたが、かなり脆《もろ》くて、切断された片側の石からはほとんど消失していた。さらに六角形部分とリング部分のあいだの一部に、腐食の激しい銅の破片が残っており、どうやらかつては中間に薄い銅板のスリーブ（鞘《さや》部）がはさまっていたらしい。

また、この不思議な物体を包みこんでいる硬化した粘土岩の外殻には、小石や化石貝の破片のほかに、釘とワッシャー（座金《ざがね》）に似た〝2個の非磁性金属物〟も埋まっているのが認められた。

すっかり好奇心にかられた彼らが、この晶洞石のX線写真を撮影してもらったところ、もともとは1個だった、明らかに小さな機械部品としか考えられない物体の構造

切断された点火プラグ"晶洞石"とその構造図

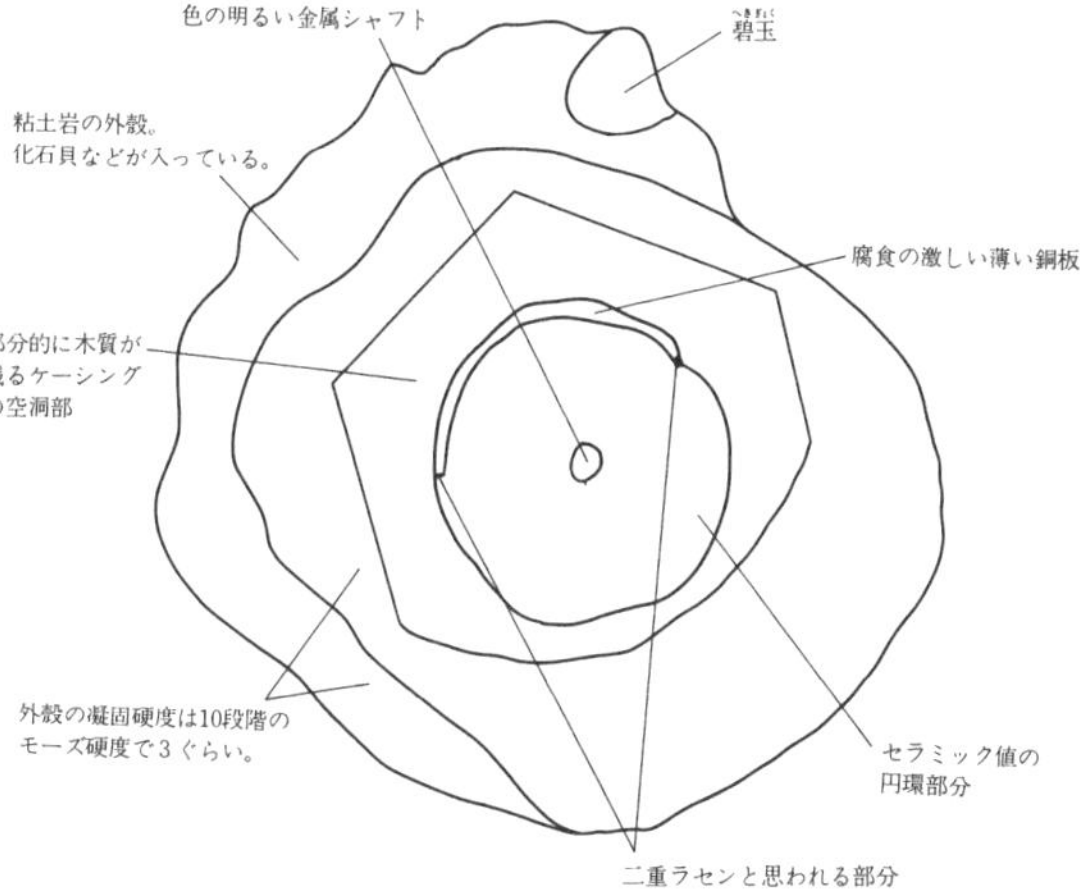

が判明した。X線写真には金属部分がすべて明瞭に現われたが、ごらんのように、セラミック質のリング部分も六角形の木質部分もうっすらとながら写っている。

さらに、シャフトの一方の末端には、スプリングないしはコイル構造の金属物質が接続されていることも判明した。シャフトは3つの部分から成っていて、ちょうど真ん中に位置するセラミック部分で両断されたものとわかった。こうした構成から誰もがすぐ思いつくのは、何であるにしろ一種の電気装置だということである。

発見者のひとり、マクシー夫人の5年後の証言によれば、シャフトの切断面はちょっと真鍮《しんちゅう》に似た明るい色に輝いており、その輝きは5年経った時点でも少しも曇っていないということだった。また、匿名の地質学者の鑑定では、化石貝は50万年前の原始貝の一種で、外殻部分の粘土もほぼ同じ年月かかって岩石化したものだといわれたという。

この年代測定が正しければ、〝コソ晶洞石〟はきわめてユニークなオーパーツということになる。50万年前の人類は、定説ではまだネアンデルタール人（旧人）はおろか、それ以前の原人の段階にすぎなかったはずだからである。

さらに1969年になって、ポール・ウィリスという超常現象研究家が、このオーパーツのX線写真から物体全体の構造を推理しようとスケッチしているうちに、ふと

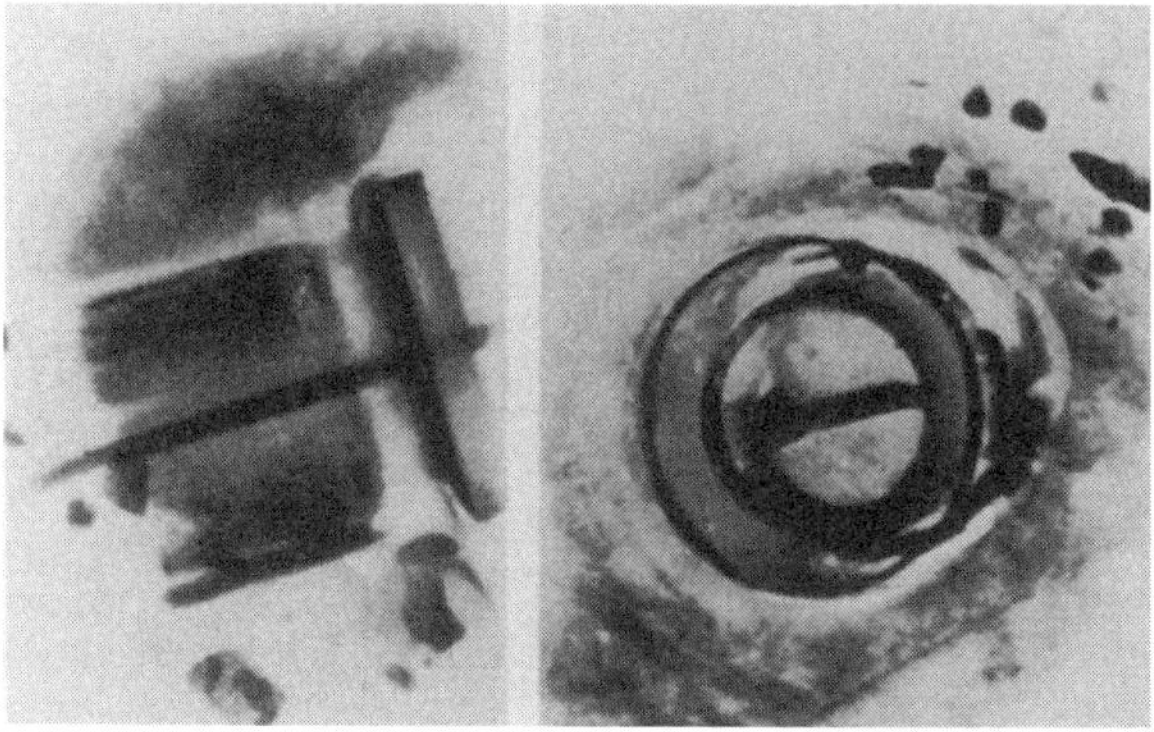

“点火プラグ”の下半分X線写真

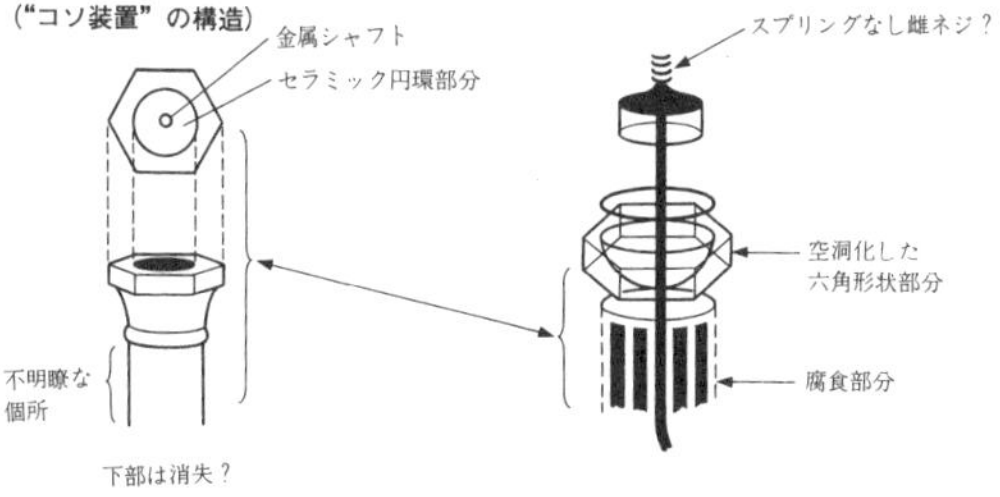

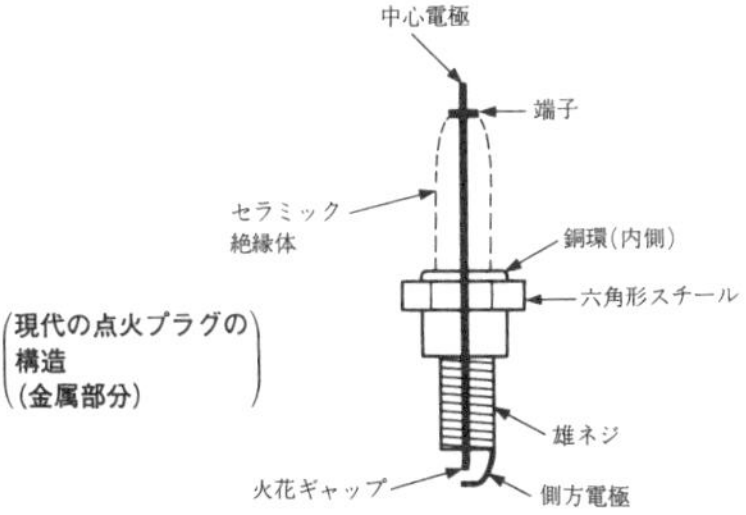

その形態と構成材料から、自動車のエンジンなど現代の内燃機関の点火プラグを連想した。

実際、六角形部分とかセラミックの絶縁体とか中心の金属シャフトなどは点火プラグの基本的構成要素である。また、かりにセラミック質の部分がダイヤ丸鋸の刃を台なしにするほど硬かったのだとしたら、これは現代の新素材の一種、ニューセラミックスである可能性も捨てきれないのだ。

ただし、残念ながらそれ以上この〝太古の点火プラグ〟を本格的に調べた専門家や科学者はいない。１９６３年に一時、イースタン・カリフォルニア博物館に展示されたこともあり、その後もワシントンのスミソニアン国立博物館ほか数館が興味を示したが、現在の所有者ウォーリー・レーンが売却価格を25万ドルも要求したため契約は不成立のまま終わっている。

vol.
4

人造大石球の謎

コスタリカ

ジャングルで発見された謎の球体

先史時代の巨石建造物といえば、人目につきやすい規模ということもあって、世界じゅうどこでも古くからその存在が知られているものだ。だが、ここに例外がひとつある。

スペイン語でラス・ボラス・グランデス（大きな玉）。中米の小国コスタリカの太平洋沿岸部、ディキス川のデルタ地帯を覆う鬱蒼《うっそう》たる熱帯雨林のジャングルから半世紀ほど前に思いがけなく姿を現わすまで、原住民も植民者たちもだれひとりその存在を知らなかった巨大な人造石球群である。

最初に発見されたのは、１９３０年代初頭にユナイテッド・フルーツというアメリカの果物会社が、この地方にバナナ農園を開墾していたとき。以来、現在までに大小２００個以上が見つかっているが、発見当初の一時期、アメリカの学者が調査した以外には、本格的な専門研究に着手されてはいなかった。なにしろ私が１９７９年に現地を訪れたときには、首都サンホセのコスタリカ国立博物館にも専門研究者がいなかったくらいなのだ。

そのことは、当の国立博物館のこうした人造石球に対する扱い方にも、はっきりと表われている。

当時は、館内にこそ4個の小球と割れた球が飾られていたものの、あとは中庭の暗い片隅に中ぐらいの石球が1個ひっそりと転がっていただけで、説明書きさえどこにも見当たらない有様だった。

ところが、1991年の10月に2度目の訪問をはたしたときには、石球に対する扱いが一変していた。

なんと正門の脇の前庭にまず1個が飾られ、正門を入ると真正面の本館のくぐり通廊越しに、中庭中央の台上に堂々と立つ大石球がいやでも目に入るようになっており、さらに中庭の別館前には大小7個が幾何学的な陣形をつくって置かれているという変わりようだったのだ。

むろん館内にも、石球発見の経緯や発掘の模様から学者の仮説まで、写真入りの親切な解説パネルが掲示されていたし、専門研究に携わる若い館員も男女2人いた。相撲にたとえれば、まさに幕下扱いから一足飛びに横綱にまで出世したようなものである。

幾何学的に完璧な真球

とはいえ、初期の研究者のひとり、米ハーバード大学ピーボディ考古民族博物館のドリス・ストーン女史が、これらの石球群について、「世界の名だたるほかの巨石遺物と同様、解かれざるミステリーの仲間入りをするにちがいない」と予言したころと、事情はさして変わっていないのも事実である。

いまだに解けない謎のひとつは、多くの石球が幾何学的にほぼ完璧な球形、いわゆる〝真球〟にまで成形されていることだ。

一部の石灰岩製を除き、大半が花崗《かこう》岩製で、直径はわずか2～3センチのものから最大2・6メートル、重量25トン近いものまで千差万別だが、驚いたことに、学者の計測した石球のなかには、任意の角度でいくら直径や円周を測っても、最大誤差がたった0・2パーセントしかないものがあった。

たとえば、女史の同僚研究者サミュエル・ロスラップ博士によれば、ある石球の円周を角度を5通り変えて測ったところ、うち3通りがどれもぴったり6・1468メートル、2通りが6・1595メートルとミリ以下の単位まで正確に同じで、その

大小200個以上の石球が発見された大西洋沿岸部、ディキス川のデルタ地帯。そこは鬱蒼たる熱帯雨林のジャングルで覆われている

1930年初頭、バナナ農園を開墾している際に石球が発見された。これはその当時の石球を運搬する作業を撮影したもの

差すら1・2センチしかなかった。

もっと驚かされるのは、直径が2・0066メートルとミリ以下の単位まできっかり同じ石球が2個、同じ場所から発見されていることだ。

こうした事実は、石球製作者があらかじめ完成品の大きさを予測、計算できるだけの高度の幾何学知識と、それを実現できるだけの同じく高度な成形技術を併せ持っていたことを意味している。

その成形技術自体も大きな謎である。これについては学者たちも、「多数の人間が固い道具を使い、年月をかけて仕上げた」と大ざっぱで曖昧な説明をするだけで、長年お茶を濁してきた。

石球製作者は西暦300年から800年にかけてこの地方に栄えたディキス石器文化人、というのが学界の定説だが、だとすると彼ら太古のインディオが使用できた道具は、せいぜい銅かヒスイ製の工具と、材木のコロやイカダ、生皮かツタ製のロープ程度の補助具ということになる。

たとえば直径2・5メートルの石球をつくるには、最低2・7メートル立方、重量50トンはある巨大な岩塊を自在に動かし、精密に成形加工しなければならないが、そんな粗末な道具だけではたしてそれが可能だろうか。

材料の石材がどこで切り出され、どうやって運搬されたのか、というのも問題である。不思議なことに、石球群が発見された一帯には花崗岩層がまったく存在していない。

十数キロ以上離れた内陸の山岳地帯に行けば花崗岩層はあるのだが、肝心の石切場の跡はいまだに見つかっていない。

どこかにあるにしても、そこから石球の出土した地帯までは川や湿地やジャングル続きで、コロやイカダなどの原始的運搬手段では、小石球はともかく、20トンを超える大石球はまず運搬不可能だろう。

今回の取材では、前述のように若い専門研究者が国立博物館にいることがわかり、その2人、フランシスコ・ウヨア氏とイフィヘニア・ヒメネス嬢にインタビューできたが、彼らは弧状の木型を岩塊に当てながら球形に削っていったのだろうと説明していた。

運搬手段も木製イカダを使った水運説を主張しているが、私には、あまりにも素朴で楽観的すぎる机上の空論としか思えない。

石球群の配置は星座を構成していた!?

しかし、最大の謎は何といっても、石球がなぜつくられ、どんな働きをもっていたのか——その目的と機能である。

いちおう呪術対象物説、天文カレンダー説、権威シンボル説などが提出されたが、どれもとくに根拠があるわけではないことは、学者自身も認めている。目的や機能が不明な理由のひとつは、発見当時は最低3個から最高45個の石球がグループをなして、直線や三角形や星座とおぼしき図形を構成していたらしいが、その後原形の配列状態がほとんどわからなくなってしまったためだ。

石球の大多数が、法的規制の始まる以前に現場からどんどん運び出されて、金持ちや好事家に売り飛ばされたり、内部に黄金が埋められているというあらぬ噂が広まって大量に割られたりしたからである。

現存のものはおおむねサンホセなど都市の公園、公邸私邸、会社、学校、官庁などの公共建築物の敷地内に、庭石や置物として飾られているが、なかにはまれに、掘り出されたまま放置されたり、重すぎて置き去りにされたらしい最大級の石球もある。

テレビ番組の監修を兼ねた今回の取材では、庭にごろごろとたくさんの石球が転がっているディキス・デルタ地方の古い農家を訪ねたが、女主人リディア・ポラスさんの話では、亡くなったご亭主が農園の地面に杖を突き刺してまわり、埋もれた石球を40個以上も捜し出したという。

また、同地のエルシレンセ丘陵のふもとで発見当時から放置されている直径2・5メートルの大石球にも、研究者のヒメネス嬢が案内してくれたが、これはバナナ農園建設の際ジャングルが焼き払われたときの加熱で、表面がボロボロに剝離していた。

現在この地方には、これらの石球をつくった人々の末裔とされる原住インディオ、ボルカ族が住んでいるが、彼らにもこれらの石球に関する記憶や神話伝承の類いはいっさい伝わっていない。

しかし、支配階級の墳墓からミニサイズの石球が出土したり、神殿跡付近に大型の石球群の並んでいた形跡が残っているし、また、日常の生活にはまったく役に立ちそうにないその形態の特異性と、にもかかわらず高度の幾何学知識と成形技術の粋を凝らしてつくられた点からみて、古代にあっては、よほど神聖な崇拝対象物だったということはまちがいない。

コスタリカの街中に放置されている大石球

掘り出されたあと農家の庭先に放置されたままになっている石球

民間会社の門前に置かれている大石球

ある大邸宅の庭先に飾られている2個の大石球

異星文明人の記憶

その点と、世界の古代人がおしなべて日月星辰《せいしん》の運動に深い関心を抱いていたという事実に立って、私は前回の調査報告をまとめたとき、ユング心理学でいう〈元型《アーケタイプ》〉のひとつを表わす〝回転天体〟具現説を提出した。

ユングは人類が祖先から継承してきた集合無意識のなかに、「円や球を完全なもの——神のシンボル」と見なす共通記憶が潜んでいるとして、そうした共通記憶を〈元型〉と名づけた。生前の彼が、UFO（円盤）の幻視もその現代的表われのひとつだと主張したのは有名である。

石球が〝天体〟をかたどったものではないかという考えは、当時のサンホセ国立博物館館長ルイス・ゴメス博士も、現在のヒメネス、ウヨア両専門研究者も支持している。

ただ彼らの主張をよく聞くと、太陽や月や星々の象徴表現という単純な説明にとどまっている。この点はユングが〈元型〉の起源を、人類の長年月にわたる思惟《しい》作用の集積した結果、としたのと軌を一にするものだ。

だが、人間の産みだした抽象概念には、かならず具体的記憶の土台があるはず、というのが私の基本的考え方であり、〝円球〟という〈元型〉にもそれなりの具体的起源があるはず、と私は考えたい。

つまり、人類の誕生に際して、おそらく宇宙的存在の介在、もっと平たくいえば、異種交配や遺伝子工学コントロールを含む異星文明人の干渉があったために、宇宙の星々すべてが有する〝球形回転天体〟のイメージが人類祖先の集合無意識のなかに刷りこまれたのではないか、というわけである。

これはもはや〝宇宙考古学〟仮説の範囲だが、たとえそこまで飛躍しなくとも、コスタリカの人造石球群の製作者たちが地球やほかの天体が丸いことを知っていた――それだけ高度の科学知識と技術の遺産を、何者かから受け継いでいたことはまちがいない。

だからこそ、オーパーツといえるのである。

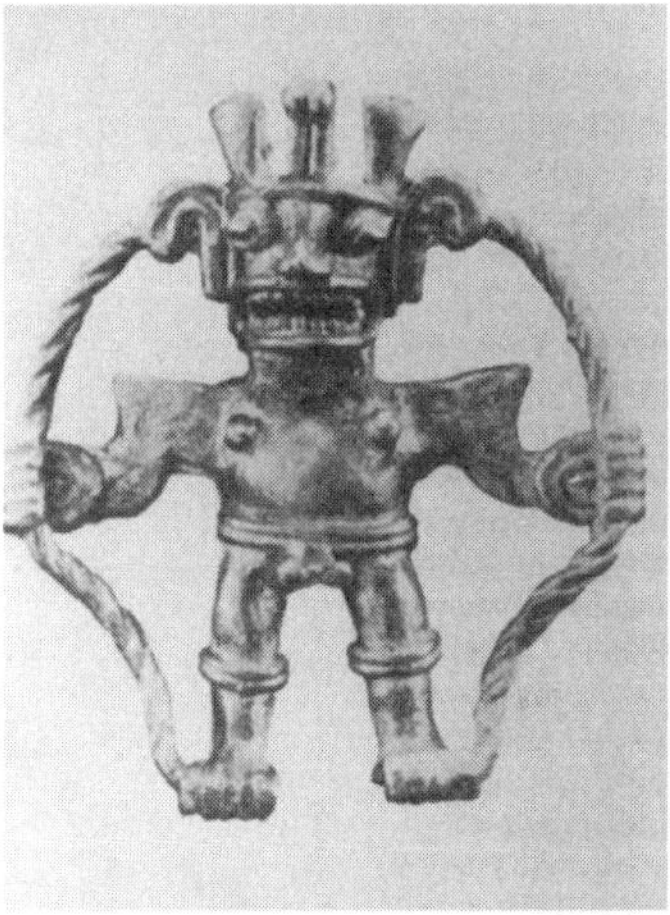

２体ともディキス文化の遺物で、神人をかたどったとされる黄金彫刻。じつは大石球群の成形技術を人々に教えた異星人をかたどったものではないかとも考えられるが……

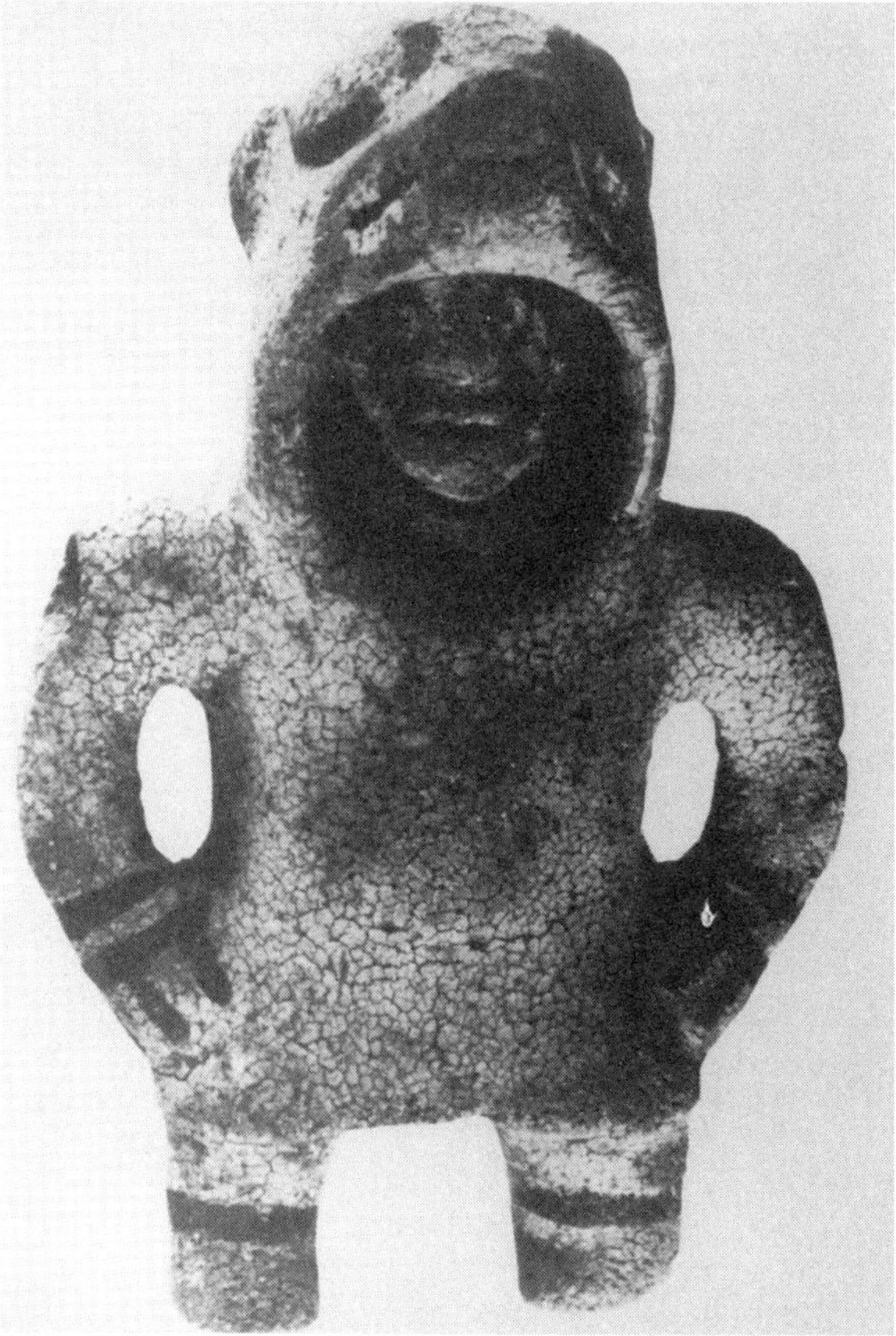

ジャカン憑きの人間像。これは土偶で、中南米の石代文化共通の信仰対象ジャカン神に化身したところというが、宇宙服をかたどったような印象も受ける

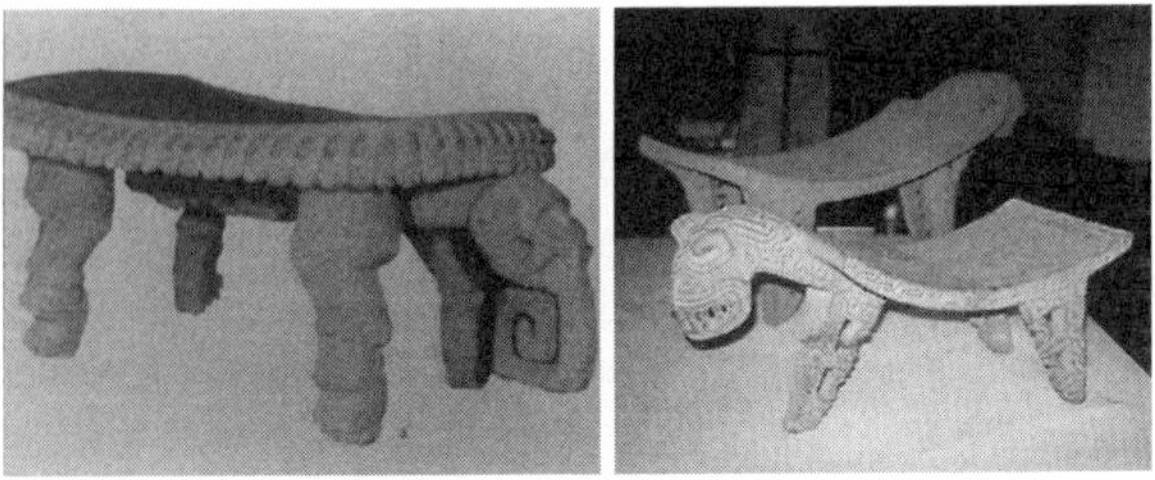

祭礼用のメタテ（穀物の粉引き台）。右はジャガー、左は象をかたどっている。しかし、なぜ中南米に象をかたどった遺物があるのかは謎である

容器のふたに怪獣をかたどった石彫り

vol.
5

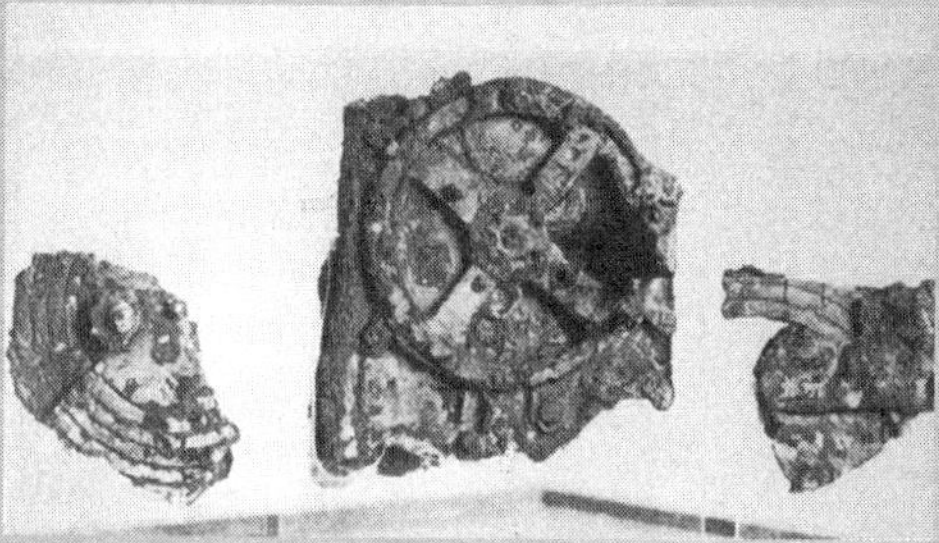

精巧な太陽系惑星儀

ギリシャ・アンティキテラ島

アンティキテラの機械

1900年、ギリシャはクレタ島北西の小さな島アンティキテラの沖合で、海綿採集作業をしていた一団の潜水夫が、偶然1隻の沈没船を発見した。

BC65年頃、当時のギリシャ領内のどこかからローマに向けて航海中に遭難した商船らしく、引き揚げられた積荷の大部分はブロンズや大理石製の彫像類だったが、そのなかに奇妙な形の腐食の激しいブロンズ片が数個混じっていた。

ほかの彫像類があまりに大量でまた見事だったので、みすぼらしいブロンズ片などかえりみる者はほとんどいなかったが、1902年になって、大考古学者スピリドン・スティスがそのぼろぼろの残骸のなかに歯車の輪郭が見えることに気づいてから、〝アンティキテラの機械〟として俄然、学者の注目を集めるようになったのである。

正体については、古代の天文学者が天体の高度を測るのに用いたアストロラーペ(天体観測儀)の歯車部分だという憶説が出されたが、否定する専門家も多く、けっきょく確実に判明したのは、一部に目盛とギリシャ文字が見え、製作年代がBC82年と記されていたことだけだった。

地中海の古代沈没船から発見された“アンティキテラの機械”の破片

〝アンティキテラの機械〟の製作者の真の技術レベルの高さが世界に明かされたのは、ようやく20世紀後半になってからである。

1958年、英国ケンブリッジ大学のデレク・ディソラ・プライス科学史教授が、アテネ国立考古学博物館でこの機械に初めて出会い、文字通りびっくり仰天した。古代ギリシャ文化時代の科学技術について専門家として知るかぎりでは、このような装置など存在するはずなかったからだ。

教授の予備的調査の結果、おそらく本来の姿は、ブロンズ製の20個以上の歯車と多数の薄板から複雑に構成され、装置全体が木製の箱の内部に取りつけられていたものらしかった。

並んで固定された各薄板には目盛が刻みこまれ、箱の側面に通したシャフトが回転すると歯車組織が動いて、指針がそれぞれ各目盛上を異なる速度で移動する。箱の表面には、機械の動かし方と目盛の読み取り方など、天文カレンダーを含む銘文がびっしり記されていたらしい。

プライス教授を仰天させたのは、とりわけその差動ギア・メカニズムの部分だった。その種の複雑な伝動装置が科学技術史上初めて登場したのは1575年に製作された置時計の内部、というのが当時までの通説だったからである。

以後、彼は腐食だらけの断片から何とかこの機械を復元しようと10年以上も苦心を重ねたが、けっきょく1971年にギリシャ原子力委員会がプライスのために撮影してくれたX線写真のおかげで歯車の噛み合い具合の全貌が判明し、やっと機械全体の復元に成功した。

その結果完成した機械は、太陽と月はむろん水星、金星、火星、木星、土星など、少なくとも古代ギリシャ時代に知られていた諸惑星の天空における相対位置と日時をきわめて正確に表示する〝太陽系惑星儀〟であると同時に、精巧な〝機械式アナログ・コンピュータ（計算装置）〟でもあったのである。

だが、問題はBC1世紀のギリシャに、それを可能にするだけの精密な天文観測や差動ギア技術の存在していた証拠がまったくないことだ。

もともと古代ギリシャ文明は、抽象的観念的な哲学や理論科学を尊《とうと》んだ反面、具象的実際的な技術や応用科学は軽視しがちだったことでよく知られている。とすると、〝アンティキテラの機械〟が製造されたのはギリシャ時代でも、その基盤となった高度の天文知識や科学技術は、もっと太古から当時まで伝えられてきた科学的遺産だった可能性が高いと考えざるをえないのである。どうやら〝アンティキテラの機械〟は、学者たちが認める以上のオーパーツというほうが正しいようだ。

ブロンズ破片をX線写真で調べた結果、歯車構造の仕組みが判明した

vol.
6

太古の花瓶型電池

イラク・バグダット

2000年前の遺跡から見つかった電池?

第二次世界大戦が始まる数年前の1937年、イラクの首都バグダッドの南西郊外、クジュトラブアの丘にある約2000年前の古代パルティア遺跡から、奇妙な粘土製の小壺が発掘されて、イラク国立博物館研究所に送られてきた。当時そこの責任者だったドイツ人考古学者ウィルヘルム・ケーニッヒ博士は、その明るい黄色粘土でつくられた花瓶様の容器の不思議な構造に、ひどく興味をそそられた。

高さ15センチほどで、なかにはアスファルト(黒色固定の天然瀝青《れきせい》物質)の残留物と、それにしっかり固定された長さ10センチ、直径2・6センチほどの銅製の円筒形物体、さらにそのなかに1本の腐食の激しい鉄棒が入っていた。

まもなく博士は、クジュトラブアからさほど遠くない古代都市セレウキアの遺跡からも、つい最近同じような物体が4個発見されて、同じ博物館に持ちこまれていたのを知った。これら4個は、考古学者たちが〝魔術師の小屋〟と呼んでいる場所から出土したもので、いっしょに細長い鉄と青銅の棒も何本か発掘されていた。

これらの不思議な小壺の構造の各部分を検討した結果、博士はこれこそ〝電池〟以外のなにものでもないという結論に達した。

銅の円筒は1枚の銅板を巻いたもので、その合わせ目は6対4の割合の鉛と錫《すず》の合金で、現代のハンダづけそっくりに接合されていた。

底部はやはり銅の円板でふさがれ、底面の上にはアスファルトが3ミリほどの深さに溜まっていた。腐食した鉄棒は、円筒のてっぺんから頭を1センチほど出した格好で垂直に宙吊りにされ、周囲の銅に触れないようにアスファルトの詰め物で固定されていた。

この装置全体が、さらに粘土製小壺のなかに6分の5ほど挿入された格好で固定されているという構造だったのである。

鉄棒はそのひどい腐食状態から判断して、今では蒸発してなくなったが、もともとは何らかの酸成分の電解液に浸されていたらしい。古代人に知られていた酸としては、硫酸、酢酸、クエン酸などがあり、そのどれもが電解液に使えるはずだった。

後年、故国のベルリン国立博物館に戻ってから、ケーニッヒ博士はまたまたびっくりした。同じ構造の電池の部品とおぼしい銅製円筒、鉄棒、アスファルトの詰め物がほかにまだ10個分も、やはりバグダッド付近のケシフォンでかなり以前に発掘されていたことが判明したからだ。

どの鉄棒も明らかに化学反応によって腐食しているのに、誰ひとりとして〝電池〟の可能性を思いつかなかったのは、そんな古代に電気の知識などあったはずはないという先入観にとらわれていたからである。これらのばらばらの部品は、現在もベルリン博物館に陳列されている。

ケーニッヒ博士の推論の正しさは、第二次世界大戦後アメリカのゼネラル・エレクトリック社高圧研究所の電気技師ウィラード・グレーと高名な科学史家ウィリー・レイとの共同研究によって裏づけられた。彼らは問題の土壺の複製《レプリカ》をつくって、銅の円筒内に硫酸、酢酸、クエン酸のどれを入れてもちゃんと1・5ボルトから2ボルトの電気が発生することを確認したのだ。

セレウキアでは電池の土壺といっしょに細長い鉄と青銅の棒も出ているが、これは電池同士を用途に応じて並列《パラレル》ないし直列《シリーズ》に接続するためのものだったと推測された。

金メッキをほどこすために？

だが、その用途とはいったい何だったのだろうか。

大きなヒントは、これらの土壺がいずれもバグダッド付近の古代パルティア人遺跡

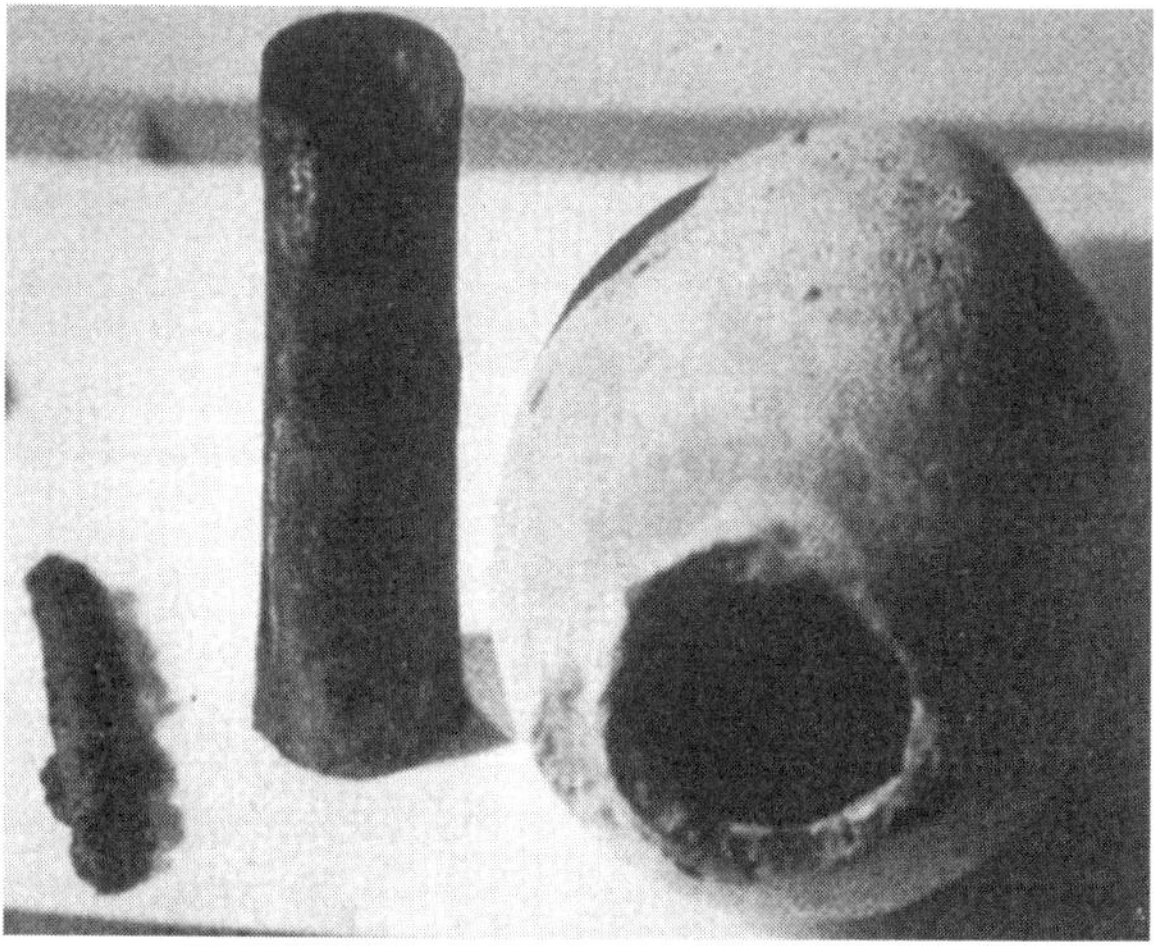

“バグダッドの古代電池”の実物とその推定構造図

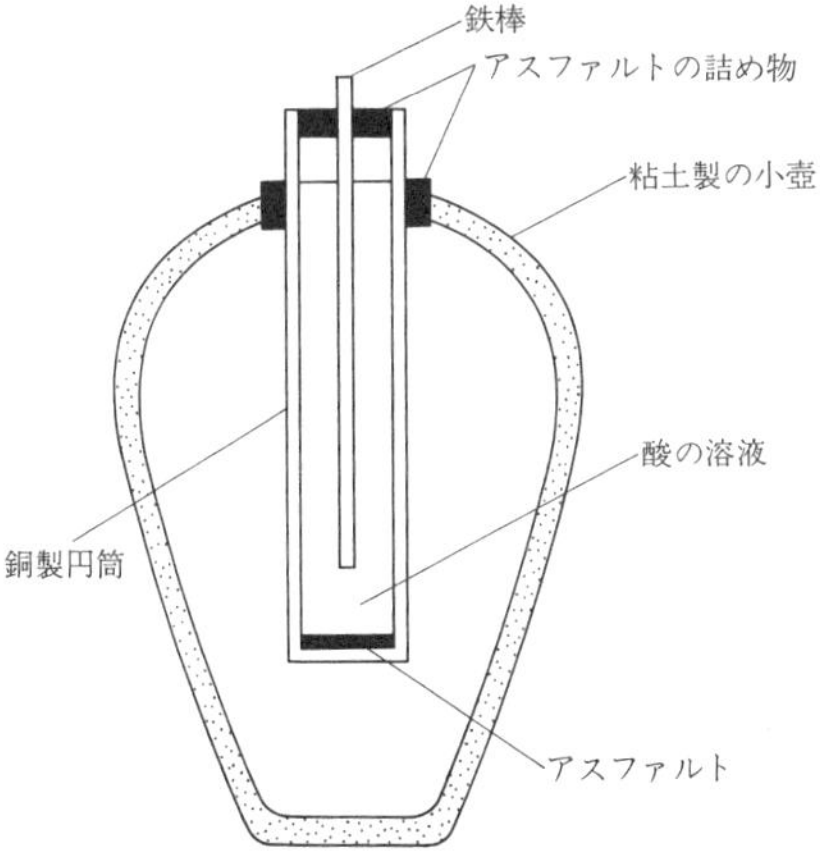

で発見されたということである。

パルティア人はイラン系遊牧民で、BC3世紀から西暦7世紀にかけてカスピ海南東部（現在はイラン領内）に王国を建設していたが、とくにバグダッド付近は前250年から後224年までその植民地だったことがわかっている。そしてパルティア時代のこの付近は、極端に薄い金箔をかぶせるすばらしい宝石細工の産地として知られていた。

このヒントをもとに、1970年代にきわめて興味深い実験を試みたのが、西ドイツ（当時）の考古学者アールネ・エッゲブレヒト博士である。〝バグダッド電池〟の厳密なレプリカを製作して、なんと電気分解による金メッキ実験をやってのけたのだ。

それもケーニッヒ博士が推測したような各種の酸ではなく、そのへんの果物屋から買ってきたブドウのしぼりたてのジュースを銅製円筒に満たし、0・5ボルトほどの電気を発生させるだけで、現代で使われている金メッキ法と同様、シアン化金溶液中に浸した銀製の小さな彫像に、ものの数時間で金メッキをほどこすことに成功したのである。

古代パルティア人が〝バグダッド電池〟を使ったそんな金メッキを宝石細工に応用していたとしたら、まさにその技術は同時代の人々にとって魔法か魔術のように見え

復元された“古代電池”の電気を使って金メッキ実験中の銀製彫像（右）と、みごとな金メッキに成功した同じ彫像（左）

ただろう。そう考えると、出土場所の様子から〝魔術師の小屋〟と考古学者が命名したのは、ずばり的を射ていたわけだ。

しかし、エッゲブレヒト博士の実験の狙いはそこだけにあるのではない。もっと時代をさかのぼって、博士の専門研究分野である古代エジプトのスフィンクス遺跡付近の地下からも、電気分解を利用する金メッキの方法でしか説明がつかないほど極薄《ごくうす》の金箔をかぶせた工芸品が発掘されて学者たちを当惑させていたので、その説明になるかもしれないと考えたのである。

もし古代エジプト文明に電気が使われていたことが証明されれば、後出（133ページ）のデンデラ・ハトホル神殿地下の〝照明電球〟レリーフの謎の解決にもつながることになるのはいうまでもない。

　また、中世時代に信じられた錬金術の起源をたどると、遠く紀元前数千年の昔、現在のバグダッド付近を中心として栄えたバビロニア、いや、おそらくさらにその前のシュメール文明にまで行き着くが、ひょっとして〝電気分解金メッキ法〟がその時代から支配階級や神官階級だけに独占を許された秘伝的な特殊技術だったとすれば、後世の一般庶民のあいだでは、それが卑金属を黄金に変質させる魔法のような〝錬金術〟として迷信化されてしまった可能性もありそうである。

　じつにおもしろいことだが、現代のバグダッドには、今も原始的な電解槽を使って仕事をしている金属細工職人がたくさんいる。

　私たちの文明史では、電池は18世紀の後半になってやっとイタリアの物理学者アレッサンドロ・ヴォルタが発明したことになっているが、まだ学問的に確認されていないにしろ、この職人たちが愛用する電解槽は、どうもそれ以前から存在していたらしいのだ。

　ひょっとしたら彼らこそ、何千年前もの太古からこの秘密の電気技術を受け継いできた末裔《まつえい》たちなのかもしれない。

vol.
7

飛翔する黄金シャトル

コロンビア・ボゴタ

黄金シャトルは何をまねたのか?

「太古、人間は空を飛んだ」という伝承は、日本神話の〝天《あま》の磐船《いわふね》(鳥船《とりふね》)〟、古代インドの〝ヴィマーナ(飛行車)〟、古代エジプトの〝ラーの眼(太陽の船)〟から、オーストラリアのアボリジニや南米プレインカ文化が伝える〝鳥人(有翼人)〟伝説にいたるまで、ほとんど世界じゅうの民族・部族の数と同じぐらい数多く存在する。

そんな神話伝説が古代人の野放図な想像力から生み出された単なる空想の産物ではないことを裏づけそうなオーパーツが、コロンビアの首都ボゴタの国立銀行付属黄金博物館に展示されている。

名づけて〝黄金シャトル〟。といっても、これはあとで述べる理由から私がそう命名しただけで、従来は〝黄金ジェット機〟とか〝黄金デルタ翼機〟と呼ばれていた小さな黄金細工物である。

〝黄金シャトル〟のオーパーツ性に初めて着目したのは、アメリカの動物学者の故アイヴァン・サンダーソンである。

生前の彼は奇現象研究家としても著名で、そもそも「オーパーツ」の名づけ親でもある。厳密にはオープス（out-of-place things〝場違いな事物〟の略）という造語を考えたのだが、この新概念を受け継いだ研究家たちによってout-of-place artifacts〝場違いな工芸品〟を略した新語、すなわちオーパーツが誕生したのだ。

コロンビア考古学界では、この種の黄金細工物は西暦５００年～８００年ごろ、同国最北部で栄えたシヌー文化の産と考えている。大小はあるが、平均的な長さは約６センチ、幅約５センチ、高さ約１・５センチ。おそらく胸にさげるペンダント的装身具として支配階級に使用された〝動物形態像〟ではないかとされている。

だが、サンダーソンは専門家の目で見て、動物学上既知のいかなる種類の動物とも似ていないことに気がついたのである。

同じような黄金製の〝動物形態像〟はほかにもいろいろあるが、どれも模倣された動物が、カエルとか犬、鳥、ジャガーなどとすぐそれとわかるつくりだ。

ところが〝黄金シャトル〟にかぎっては、どんな種類の昆虫、鳥、魚、爬虫類《はちゅうるい》とも合致しない。しいていえばコウモリ、ムクドリ（翼がデルタ形）、エイ、トビウオ、プテロダクティルス（有史前の有翼爬虫類）だが、どれも部分的に似ているだけ。現代の航空機がもともと鳥の形態の模倣に起源することを思えば、この程度の相似はむしろ当然だろう。

決定的に非動物的なのは、頭部と尾部の形である。サンダーソンが調べたのは、1960年代にニューヨークのメトロポリタン美術館など全米各地の博物館、美術館で巡回公開されたもののプラスチック複製品だが、本家本元の黄金博物館には、もっと装飾性の強い実物がたくさん展示されている。

しかし、〝黄金シャトル〟の基本要素はどれも共通で、航空機でいう機首、コックピット、主翼、胴体、垂直尾翼、水平尾翼がみごとにそろっている。なかには風防やエンジン空気取り入れ口とか、補助翼、昇降舵《だ》つきのものもある。いちじるしく違うのは航法灯ないし着陸灯とおぼしきライトの位置で、頭部の左右上部についているため、ちょっと動物の両目のような印象を与えるのだ。

航空専門家は〝飛行装置〟と断定した！

では、航空力学の専門家たちの意見はどうか。サンダーソンが分析を依頼した専門家は全員口をそろえて、この黄金装身具がきわめて理にかなった〝飛行物体〟の特徴を有していると認めた。

ニューヨーク航空研究所のアーサー・ポイスリー博士と、ベル式ヘリコプターの設

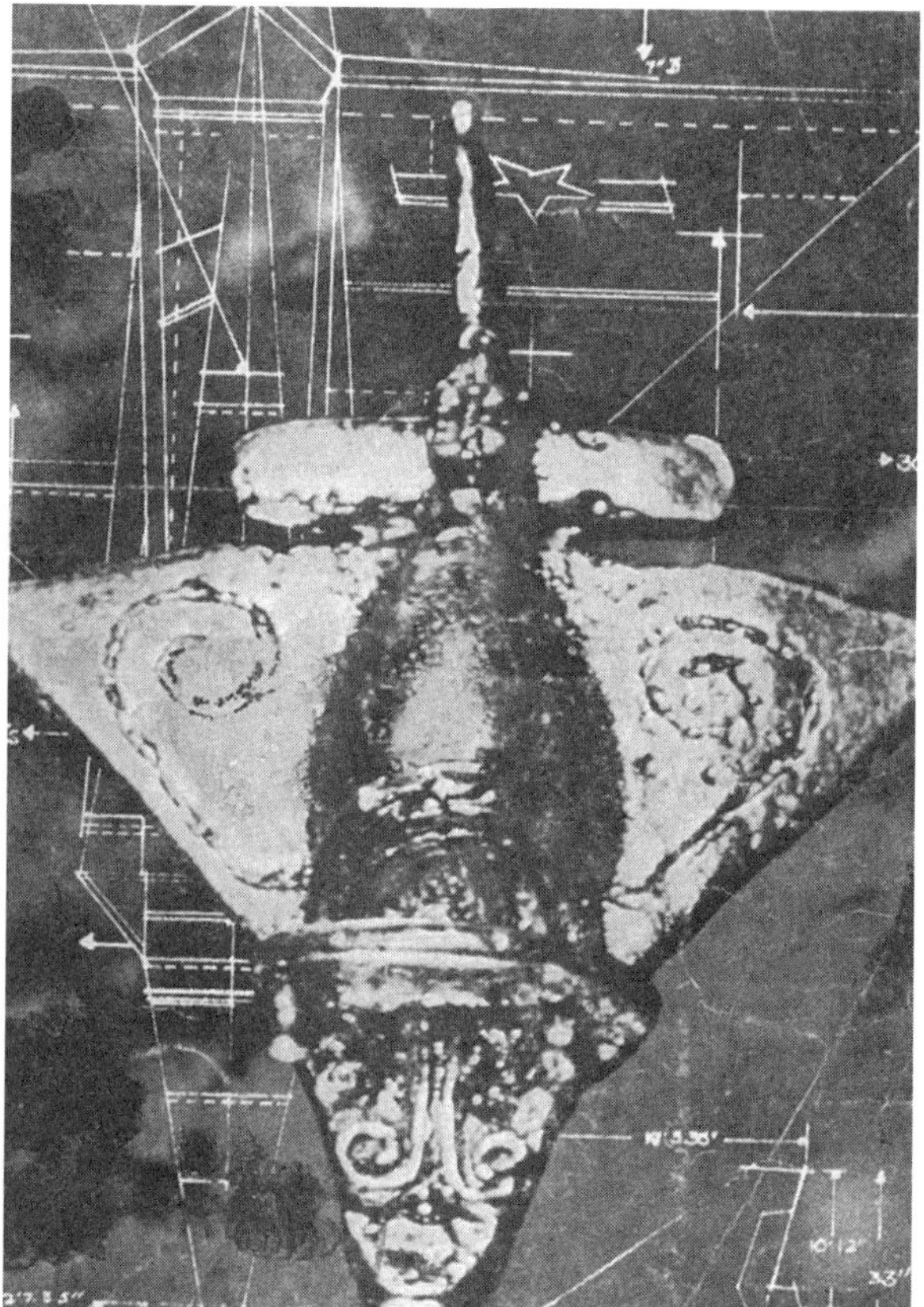

サンダーソンの"黄金シャトル"は、デルタ翼ジェット戦闘機とそっくり。航空専門家たちは口をそろえて、このユニークな形状が航空力学の理にかなっていると証言している

計者として高名なアーサー・ヤングの見解は、以下の諸点で一致している。

「前縁の直線的なデルタ翼はとても動物の翼とは考えられない。垂直に立った尾翼も航空機独特のものだ。ただし、最初の印象どおりジェット機とすれば、エンジンの位置はコックピット（前部の深いくぼみの部分）前方の機首ではなく、後方の胴体内に搭載されないと、この形状では機体のバランスがとれないだろう」

世界最初のロケット・パイロットのひとりとして知られるジャック・A・ウールリッチは、さらに突っこんだ分析をしてみせる。

「デルタ翼と胴体の先細りの形から判断して、もしコックピットに透明ガラスがはめこまれていることを前提とするなら、この物体の推進機関は明らかに低速のプロペラ式ではなく、ジェット式かロケット式、あるいはそれ以上の未知のエンジンでなければならない。超音速機コンコルドの形状を見ればわかるように、このタイプのデルタ翼機であれば、急角度の上昇と急速度の飛行・離着陸など、高性能を発揮できるだろう」

航空技師で未来車の設計にもたずさわっているアドルフ・ホイヤーは、とくにサンダーソンが調べた〝黄金シャトル〟の翼が示す特徴に基づいて、次のような卓抜な憶測を試みている。

「前方から機体をよく観察すると、左右のデルタ翼の両端がやや下がり気味になっているが、これは地球上のあらゆる超音速機と向きが反対だ。おもしろいことに、まだ実用化してはいないが〝水空両用機〟は理論上、先端の下がった翼が合理的と考えられている。だとすると、この物体は潜水もできる航空機だったのではないか」

現実にもアメリカでは、1966年と1970年、それぞれ民間と海軍でそのような〝潜水航空機〟の試作実験が行なわれたが、どちらの実験も先端下降翼の設計だったそうである。

折りたたみ式のスペースシャトル？

しかし、宇宙考古学仮説の観点から見れば、アーサー・ヤングがさらに考察を進めて到達した次の独創的推論は、きわめて暗示的で重大な意義を秘めているといえよう。

彼は〝黄金シャトル〟の機首の断面が、超音速機にしてはやや角ばりすぎている矛盾点の解決策として、世にも奇抜な〝コンバーチブル式航空機〟という航空史上初のアイデアを考えついたのだ。

「この物体はむしろ高空から降りてくる〝着陸船〟というべき構造だ。機首のエンジようにできている。デルタ翼は、浮力をつけるよりも機体の安定と方向制御に有利だろう。

一方、離陸時には、機首が深いくぼみ部分からポキンと180度折れ曲がり、後方噴射によって上昇力をつける。コンバーチブルというこの発想は、機体形状上のバランスから見ても理にかなっている」

つまり、地球大気圏を出入りして、人工衛星や宇宙船と地上とのあいだを往復する古代版〝スペースシャトル〟というわけだ。私があえて〝黄金シャトル〟と名づけたゆえんである。

そしてこの考え方が正しいとすれば、同じ中南米大陸上で見つかっているほかの宇宙考古学関連の遺跡やオーパーツ、たとえば〝滑走路状図形〟（ペルーのナスカ地上絵）、〝飛行発射台跡〟（ボリビアのエルフェルテ山上遺跡）、〝宇宙飛行士レリーフ〟（メキシコのパレンケ遺跡）、〝天体模型大石球〟（コスタリカのディキス文化）などとの関係も考察したいところだが、残念ながらこのテーマに関しては別の機会に稿を改めたい。

サンダーソンの〝黄金シャトル〟をはじめ、一部のモデルには、ほかにも空中飛行を暗示する特徴がさりげなく示されている。

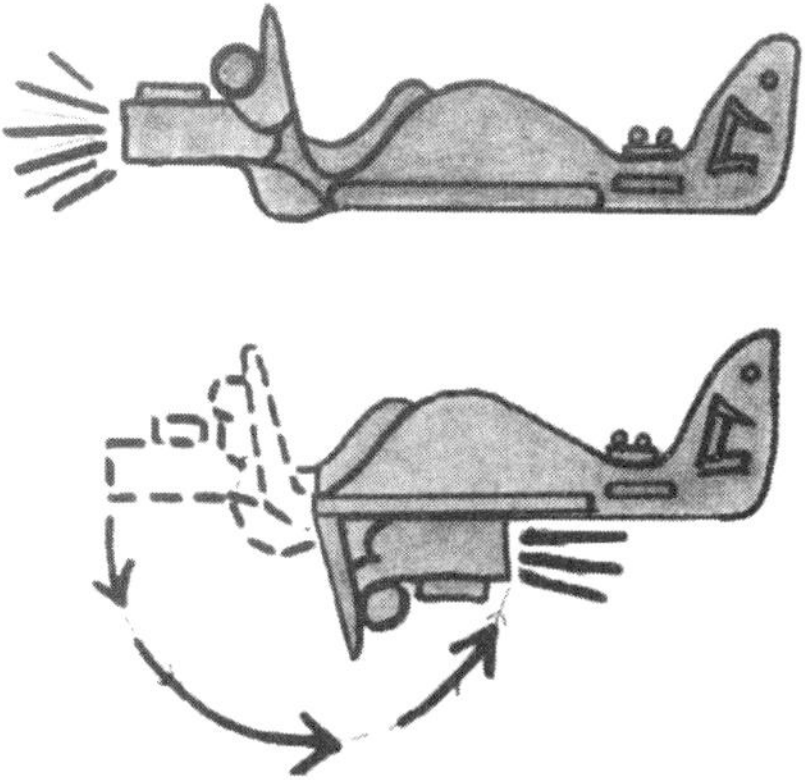

航空設計士ヤングは、“黄金シャトル”の機種の角ばった形状から、離陸時に機種を180度折りたたんで上昇する奇抜な“コンバーチブル式航空機”と想定した

“黄金シャトル”は現代のジェット機編隊とそっくりに見える

たとえば、尾翼の左側表面、航空会社が自社マークを描くまさにその場所に、何を意味するのか、アルファベットのBの字に似た記号が刻まれているが、これは古代中東地方のアラム語（BC2000年ころの古代シリア語）のBとそっくり同じだという（口絵7ページ写真参照）。

また、機首や翼の表面、翼縁、胴体などに描かれた渦巻き模様、あるいは渦巻き状の突起も、ただの飾りではないらしい。北米大陸の先住アメリンド民族（北米インディアンと中南米インディオの総称）が残した岩石彫刻の研究家エルフリード・ティングリーフ夫人の調査報告によれば、岩石文字のなかでとくに左回りの渦巻き模様は〝上昇〟を、右回りの渦巻き模様は〝下降〟を意味するという。

まさに飛行物体にふさわしい記号である。同種の渦巻きのパターンが南北米大陸のみならず、アジア、アフリカ、ヨーロッパ各地の古代遺跡で発見されていることも、むろん偶然ではないだろう。

そしてこうした事実は、広大な海洋を隔ててなお古代の東西・新旧両大陸間に文化交流があったことを、しかもおそらく何らかの空中飛行の手段によって行なわれていたことを、世界じゅうの空中飛行にまつわる神話伝説とあいまって示唆しているようである。

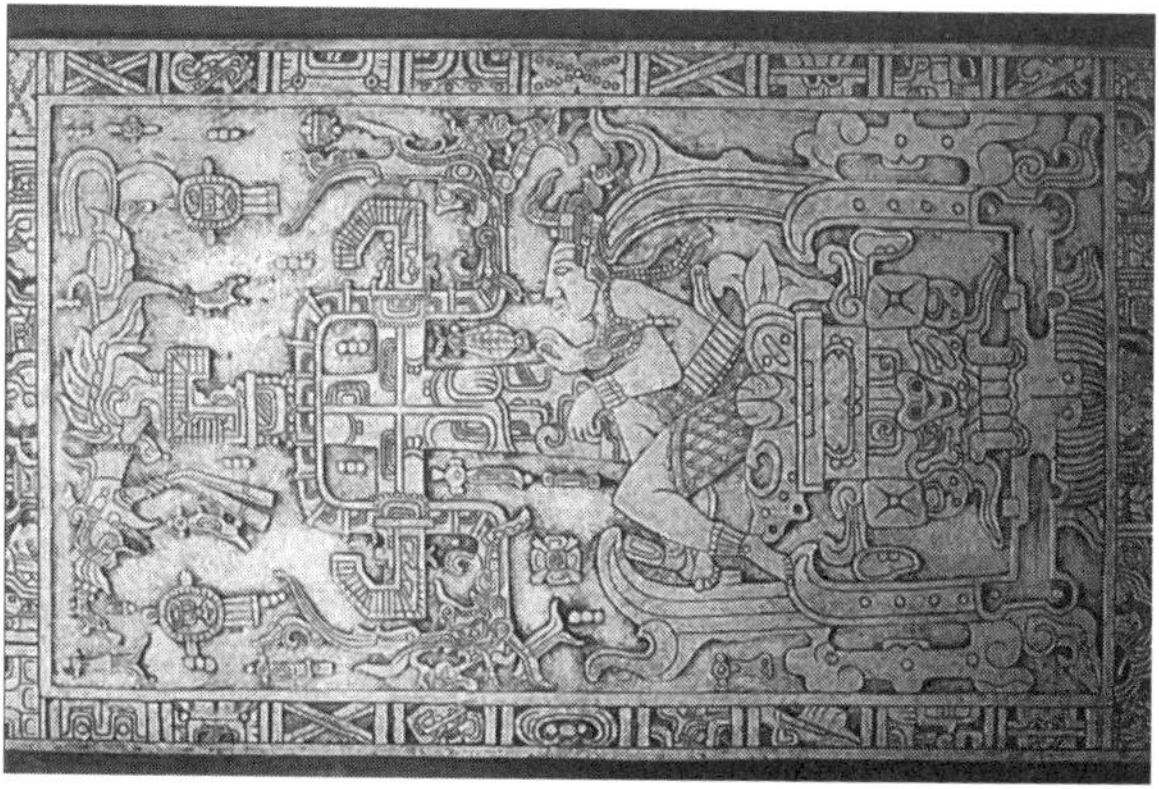

メキシコ・パレンケ遺跡の地下から発掘された石棺のふたのレリーフは、“黄金シャトル”のパイロットを描いたものか？

ペルー・ナスカ地上絵中の“滑走路”状図形

ボリビア・エルフェルテ山上遺跡は“飛行発射跡”か？

〝動物形態像〟は建設機械だった

空中飛行と直接の関連はないが、故サンダーソンの功績としてもうひとつのオーパーツの発見についても触れる必要がある。

彼自身が〝黄金（ブル）ドーザー〟と呼んだ、やはり黄金製のペンダントがそれだ。〝黄金シャトル〟のシヌー文化とほぼ同時期、北西に隣接するパナマのコークレ地方で栄えた黄金文化の地下墓所から、大量に発掘された黄金装飾品の一部で、現在は米国フィラデルフィア市のペンシルヴェニア大学博物館に展示されている。

全長12センチほどで、やはり〝動物形態像〟と分類され、背中の位置に大きなカボション（球面状）カットのエメラルド（実際は緑色のヒスイ輝石らしい）がはめこまれている。１９４０年の発見当初、ペンシルヴェニア大学の考古学者たちはクロコダイルのデフォルメ像としたが、後日になってジャガー像に改められた。口にくわえた渦巻き状の飾りは、〝様式化された蛇〟と説明されている。

サンダーソンの分析では、いっしょに大量出土したほかの〝動物形態像〟がどれも模倣した動物を容易に判定できる点からみて、古代の熟練した金細工師たちは見慣れ

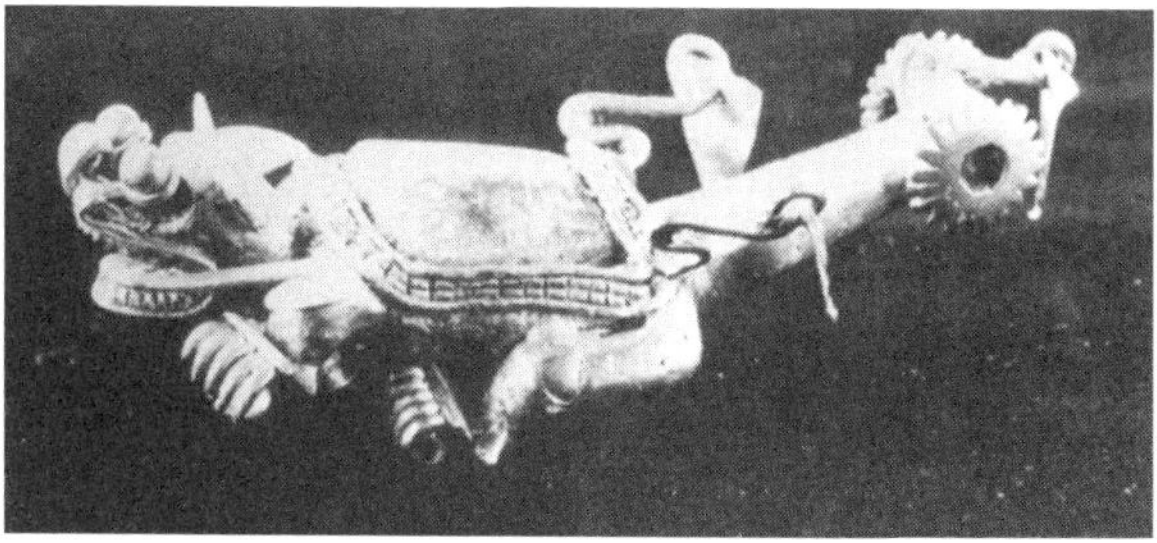

学者がクロコダイルやジャガーをかたどったという"黄金製"ペンダントは、じつは、こんな土木建設用動力機械の動物的イメージを表現したのか？

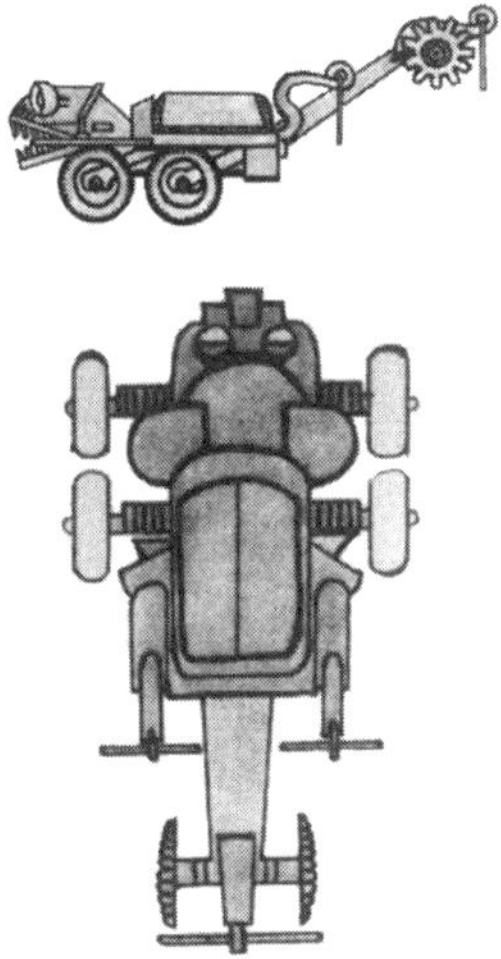

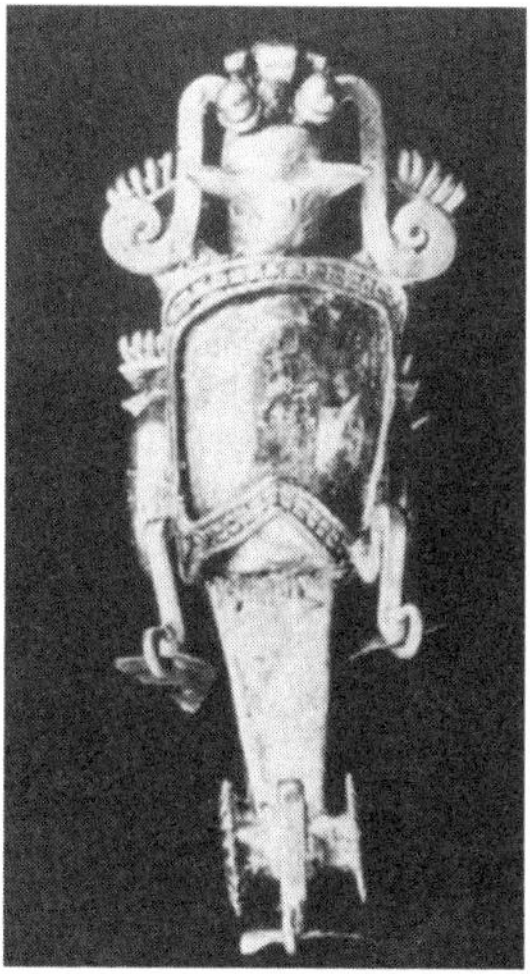

背中に大きな緑色の宝石をはめこんだ、クロコダイルにもジャガーにも特徴が合致しない"動物形態像"の正体は、強力な"ブルドーザー兼クレーン兼バックホー"？

た各動物の特徴のデフォルメ表現の限度をわきまえていた。

　ところが〝黄金ドーザー〟にかぎっては、どの部分の特徴もクロコダイルにもジャガーにも合致しないのだ。とりわけ2個の歯車を支える心棒が通った断面が長方形などという〝尾〟は、地球上のいかなる動物にもあるはずがない。

　したがって、これは実在の動物を模倣したのではなく、逆に何かの機械装置の形状から受けた動物的な印象の記憶を忠実に表現したものというわけだ——ちょうど現代の航空機や自動車を、正体を知らない未開人が恐ろしい動物に見立てて震え上がるように。

「おそらく実際は、ヘッドライトか強力投光機、ブルドーザー・ブレード、泥よけ板、つかみあげバケット、パワーショベル、大型ホイール、ロッカーアーム、荒地用スキット、動力ユニットないし燃料タンクなどを装備した巨大な、たとえばブルドーザー兼クレーン兼バックホーみたいな土木建設用動力機械だったのでは？」

　というのがサンダーソンの結論である。

　最後に、ここで興味深いのは〝様式化された蛇〟だ。サンダーソンは〝バケットの泥よけ〟と見なしたが、もしこれが〝黄金シャトル〟の渦巻き模様と同じ意味を秘めているとしたらどうだろう。

一見恐ろしい動物のようだが、サンダーソンは“黄金ドーザー”説を主張する

その仮定に立てば、この〝黄金ドーザー〟もまた、太古に〝黄金シャトル〟の離着陸場建設に使われた巨大な土木機器の記憶をかたどったもの、という可能性も考えられるからである。

なぜなら、〝黄金ドーザー〟は、前述のように、〝黄金シャトル〟が発掘された地に隣接するコークレ地方の地下墓所から発見されている。しかも、その文化は、〝黄金シャトル〟のシヌー文化とほぼ同時期である。

ゆえに、〝黄金ドーザー〟土木機器説の可能性も、まんざらこじつけとはいえないかもしれないのだ。

vol.
8

錆びない鉄柱

インド・ニューデリー

千数百年も錆びない不思議

インドの首都ニューデリーのメハラウリにあるクトゥーブ・モスク（イスラム教寺院）の境内に、はるか古代に建造された不思議な大鉄柱が現在も堂々と立っている。

直径約44センチ、高さ6・9メートルの精錬された鉄でつくられた円柱だが、地中にさらに2メートルほど埋もれており、推定重量は約6トン。頂上には複雑な装飾がつけられ、柱の表面にはサンスクリット語の銘文が刻まれている。

古代インドの伝説的名王の名にちなむこの通称〝アショカ・ピラー〟の大きさと、均整のとれた見事なつくりは、それだけでも建造当時の大規模で優れた冶金《やきん》技術を物語るが、なんといってもこの鉄柱を有名にしているのは、千数百年来暑熱とモンスーンなどの強い風雨にさらされていながら、まるでステンレス鋼のように今もって錆《さび》がまったくつかないミステリーである。

ステンレス鋼はクロームなどと鉄との合金だが、科学者の調査では〝アショカ・ピラー〟は不純物の多い鉄そのもので、かえってそれだけ錆びやすいはず。だが、事実はその正反対で、こんなことは現代の製鉄技術や鋳造技術をもってしても不可能なのだ。

その不思議さが素朴な民間信仰の対象ともなり、いつのころからか柱の前に立って背中を押しつけ、両手を後ろにまわしてつかむと幸運に恵まれるという迷信が広まって、単なる観光記念物以上の人気を集めている。

いったいこの謎の鉄柱の建造・鋳造技術には、どんな古代の英知が秘められているのだろうか。

名前の由来は、BC3世紀後半インドに君臨したアショカ王だが、実際の建造年代はずっと後代の西暦4世紀頃、インド再統一に成功して栄華を誇ったグプタ王朝時代とされている。紀元前に史上最初の全土統一を果たした伝説の始祖チャンドラ・グプタを記念して、ほかの場所（おそらくビハールかムトラ）に建てられ、のち11世紀にこの地へ移し替えられたものと今では判明している。

それなのになぜ〝アショカ・ピラー〟かといえば、この名王は始祖チャンドラ・グプタがBC4世紀末に現在のアフガニスタンまでを領土とする強大な帝国を建設して開いたマウリヤ朝第3代、最後の王で、戦争の惨禍を深く悲しみ、仏教的政治理念にもとづく平和で豊かな国家建設をめざした。

そのため仏教徒から理想の王者と慕われて多くの説話や伝説が生まれ、漢訳仏典では阿育王《あいく》と記されるところから、〝阿育王信仰〟として中国や日本にも及んでいるほどである。

アショカ王はその治世中、仏教聖地にたくさんの記念石柱を建立《こんりゅう》した。現在でも十数基残っており、たいてい表面に王の詔勅《しょうちょく》が刻まれている。

いずれも砂岩を円柱形に切って美しく磨いた石柱で、高さは10メートルに達するものもある。柱頭には獅子や聖牛が彫刻され、その下に鳥獣草花が浮彫りされているのが普通である。

これらの石柱が本来のアショカ・ピラーで、問題の鉄柱はそれになぞらえてつくられ、名づけられたものと思われる。

厳密にいえば、〝アショカ・ピラー〟は決して錆びないわけではない。これまでの実験では、サンプルを削り取って湿気にさらしたら錆が出てきたし、鉄柱の地下の部分はかなり腐食されている。

そこで1971年、スウェーデンの化学者・王立技術研究員G・ウランレン博士は、「気候、組成、形状、習慣などいろいろな要素が、偶然有利な方向にばかり組み合わされて、運よくこれまで錆が生じなかったにすぎない」

という、偶然作用説をもちだした。

たとえば、現在のこの地方は空気がいつもよく澄み、乾燥気候であること。鉄柱には多量の燐《りん》が含まれ、逆に硫黄の成分が少ないため、表面に酸化鉄（錆）以外の酸化物の保護膜が生じやすいこと。日中の熱が吸収され、雨や露が下まで流れ落ちるまでに急速に蒸発してしまうこと。

また、先述の迷信などのため人々がしょっちゅう触るので、付着した脂肪分が錆を防いでくれること。さらに、この鉄柱の建造当時の空気が、この地方に多数いた牛とその排泄物から発散された化学気体のおかげで今よりもっとアルカリ性だったことも、鋳造中の鉄に有利に作用した可能性があるとしている。

しかし、最初の建立地はビハールにしてもムトラにしても河川に近く、また現在立っているニューデリーも昔は亜熱帯気候で降雨が多かったとされるし、人間の手が触れるのは鉄柱の下部だけだから、この一見合理的で現実的に見える説明でも、謎が解明されたとはとうていいえないだろう。

vol.
9

神殿の超巨大基壇石《ポディアム》

レバノン・バールベック

700トン近い巨石の運搬の謎

レバノンの首都ベイルートから東へ約70キロの小都市バールベックに、世界屈指の巨大神殿複合遺跡がある。

高さ十数メートルの〝城壁《ウォール》〟に囲まれた総面積56万平方メートルの〝高台《テラス》〟に建つこの堂々たる大遺跡は、一般的には、西暦前1世紀から後4世紀にかけてローマ帝国の数人の皇帝が造営したユピテル、バッカス、ウェヌス（英語ではそれぞれジュピター、マーキュリー、ヴィーナス）三神殿の壮大な廃墟で知られている。

もともとこの三神殿は、英雄カエサル（シーザー）がエジプトのピラミッドを見て刺激され、ローマ帝国の権勢のシンボルとしてこの地に建立《こんりゅう》を思い立ったのがきっかけとされるだけに、大小無数の巨石がふんだんに使われている。〝高台〟全体に使われた石材の総量ではあの世界最大のクフ王ピラミッドを上まわる、と計算した研究家もいるほどである。

とりわけいちばん大きいユピテル・ヘリオポリタヌス（太陽神殿）は、建設当時には高さ23メートル、直径2・2メートルに及ぶ巨大な円柱が54本（一説には62本）が

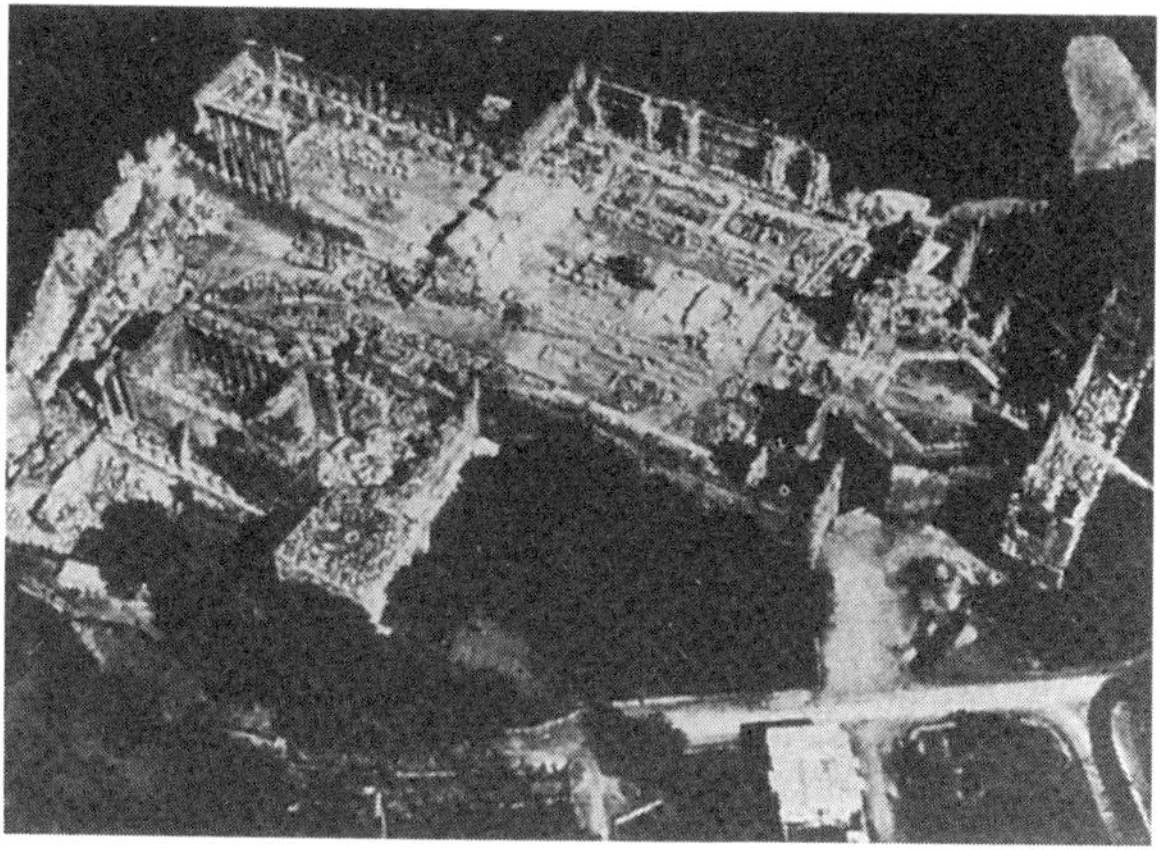

バールベック巨石神殿の全景

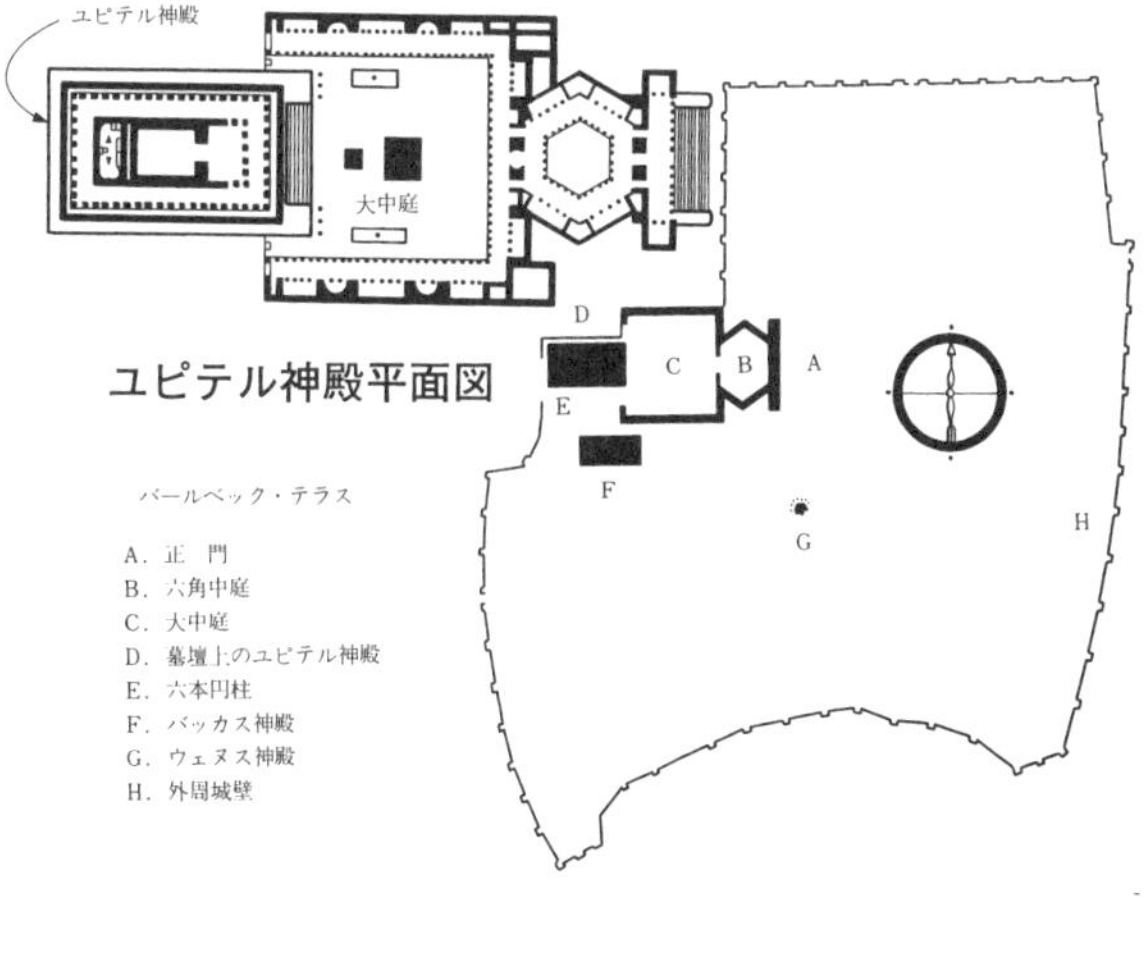

ユピテル神殿平面図

林立していた壮大無比の大神殿で、現在も残っている6本の石柱だけでも、往時のすばらしい威容をしのばせてくれる。

しかし、この巨大な古代神殿も、世界の多くの聖地の例にもれず、じつはもっと古い先住民の宗教建築物の上に重ねてつくられたものだ。

もともとこの地には古代セム族の異教神殿があったし、ローマ時代以後にはイスラム寺院が建てられたこともある。バールベックという地名もセム族の自然神バールに由来し、〝バールの渓谷〟ないし〝バールの涙〟の意味だという。もっと太古の時代には、原始的な太陽信仰の中心地だった可能性さえある。

ローマ人は、自然の生産力を司るこのセム族の主神バールを自分たちのユピテルと、豊作と生殖を象徴する女神アスタルテをウェヌスと同一視して、それぞれの神殿を建て直した。また、こうした農耕の神々の祭礼には酒と女がつきものだったことが、バッカス神殿建設の背景になっているのだろう。

問題はこのユピテル神殿の最奥部、内陣の土台を構成する先住民遺跡の石組みである。〝基壇石《ボディアム》〟と呼ばれるこの部分は、それ自体〝高台〟よりさらに8メートル高く、平地からなら平均13メートルもの高さになるが、その西面の〝城壁〟を兼ねた石組み中に、3個組み合わせの通称〝トリリトン（驚異の三つ石）〟がある。

いずれも石灰岩で高さ3メートル強、幅4メートル強、長さ20から21メートル。重量はそれぞれ少なくともゆうに650トンを超える。建築物に使用された切石としては、古今東西を通じてほかにまったく例がない巨大さである。

だが、もっとすごいのは、これらの石灰岩ブロックが切り出された石切り場に今も残る、もう1個の超巨大なブロックである。

石切り場はユピテル神殿の南西約1000メートルにあるが、そこに有史前の昔から横たわっているこの〝南方の石〟（アラビア語でハジャール・エル・ゴウブレ）は、高さ4・3メートル、幅4・6メートル、長さ21・4メートルあって、重量はなんと1100トン以上に達する。まさに地球上に現存する最大の切石である。

おそらく何らかの理由で完成寸前に切り出し作業が中止されたものらしいが、今となってはどんな理由だったのか見当もつかない。同じ切石ならもっと小さく切って運べばよさそうなのに、どうしてこれほどの巨石にしなければならなかったのか、それも謎だ。

だが、それ以上に謎なのは、それほど巨大な石材をいったいどうやって運搬し、持ち上げてほかの巨石の上に積み重ね、さらに寸分の隙間もなく接合できたのか、という技術的問題である。

こんな大重量になっては、古代の巨石運搬方法として学者がすぐ持ち出す人力と植物ロープと丸太のコロの手段は、まったく適用できない。

これまでの実証実験では、丸太のコロを使って1トンの切石を1日で1マイル（1・6キロ）運ぶのに16人必要、という数字がある（英国BBC放送のストーンヘンジに関する実験）。この計算でいくと、トリリトン中の1個の運搬に約1万人、〝南方の石〟では1万8000人も必要だが、ロープの強度と人力の効果的配分の点で実際には運搬不可能に陥ってしまう。

一方、現代の最新技術でも陸上で吊り上げ運搬できる限度は500トンとされている。それも宇宙基地でサターン・ロケットを移送する無限軌道クローラーの登場で、近年やっと実現したばかりである。

もちろん、あらかじめ運搬道路を建設してレールを敷きつめ、何らかの動力を使えば、何万トンという巨大ビルを丸ごと移動させるのも可能だが、あいにくバールベックの〝高台〟と石切り場のあいだには、道路も傾斜路も土手道も、そのほかいかなる土木工事の跡もいっさい発見されていない。

第一、従来の文明史観に従うかぎり、有史前の人類には鉄も動力も無縁だったはずだから、この方法は最初から論外なのである。

中段に“トリリトン”が組みこまれている

しかし、現実に700トン近い巨石が石切り場から1000メートル運ばれたうえ、少なくとも10メートルは持ち上げられて、ほかの巨石とぴったり並べられたり重ねられたりしているのだ。そこには、われわれの知らないどんな方法が使われているのだろうか。

旧約聖書によれば、古代セム族は〝大洪水〟から生き残ったノアの子セムの子孫で、全世界の民族を三分した民族群の一つという。現在の民族学では、バビロニア、アッシリア、フェニキア、ヘブライ、アラビアなどの諸民族の総称として用いられている。

また、古代アラビア文献によると、バール神とアスタルテ女神の神殿が現在の場所に建てられたのは〝大洪水〟の少し後のことで、伝説の王ニムロデの命令に従って〝巨人族〟がその建設に従事したという。旧約の創世記では、このニムロデはノアの曾孫にあたり、世界最初の王としてメソポタミアの地を治めたことになっている。

こうした不思議な伝説がいったい何を意味しているのか、また、どこまで真実を伝えているのか。その解答はたぶん、オーパーツの謎全体が解明される日が来るまで出されることはないだろう。

vol.
10

機械じかけのピラミッド

エジプト・サッカラ

石造りの円形マシン〝はずみ車〟

古代エジプト文明の遺産を集大成した首都カイロのエジプト博物館。収蔵品数10万点以上を誇るこの世界有数の大博物館で観光客にいちばん人気があるのは、もちろん、ツタンカーメン少年王の王墓から発掘された黄金仮面をはじめとする大量の展示品である。

しかし、同じ2階だが、ツタンカーメン関係の物品とはちょうどフロアの反対側、第43コーナーに、石造ながら、私にとっては黄金以上に魅惑的な1個のオーパーツがひっそりと展示されている——ほかに呼びようがないので、形態の類似からとりあえず〝はずみ車〟としておこう。

私がその存在を初めて知ったのは、アメリカの中東言語学者ゼカリア・シッチンの『天空への階段』を邦訳中のことだ（『第10番惑星に宇宙人がいた』二見書房・絶版）。同書は宇宙考古学関係の優れた研究書だが、そのなかでこの〝はずみ車〟がモノクロ写真と平面・断面図付きで紹介されていたのである。

以来、私はこの不思議なオーパーツの存在をこの目で確かめたいと願いつづけたが、

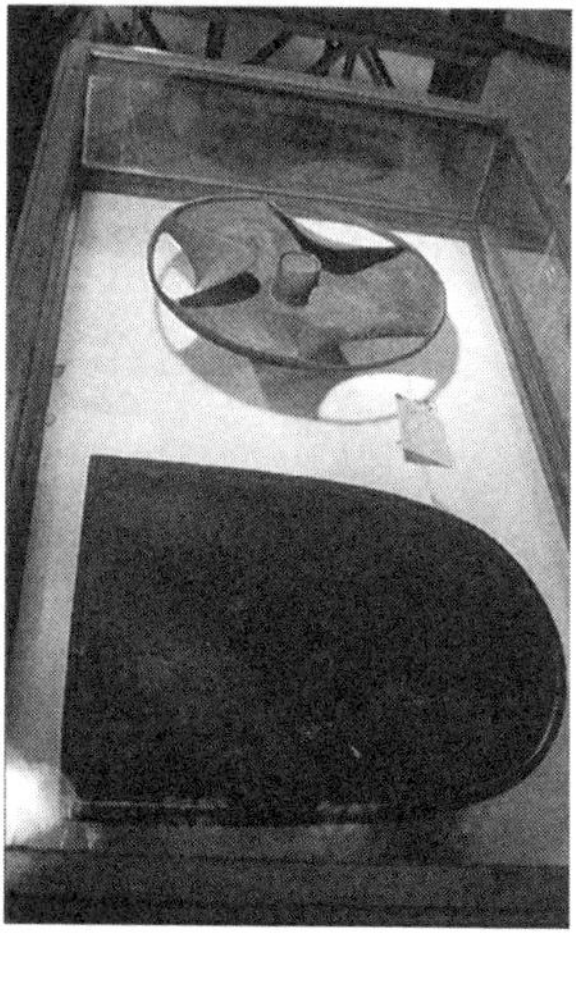

古代エジプト誕生の時代から伝わる精巧な石造りの“はずみ車”。現在、エジプト博物館の片隅にひっそりと展示されている。これはそれをほぼ真横から撮影。下の写真で手前にあるのは一種の供物台のようなもの。同じ片岩製である

半年後機会があってエジプトを訪れたときには、どうしても捜しだせなかった。翌年スイスで国際宇宙考古学会議が開かれた際、シッチンに会えたが、彼もまだ実物は見ていないとのことだった。

その後、偶然のことからエジプト博物館内に展示されていることがわかり、去年テレビ番組の取材で再訪した際、念願かなってついに、陳列ケースの一隅で、私にとっては感激の対面を果たしたのである。

ご覧のとおり、完全に三対称的にデザインされた精妙な幾何学曲線と、くり抜き部分から成る片岩《シスト》製の円形物体で、直径は約70センチ、厚さは最高10センチほど。明らかにシャフトにはめこんで回転させるための軸穴が中央にあいている。見れば見るほど、大きな機械装置の回転部の部品としか思えないものだ。

資料によれば、1937年、サッカラ北部（ギザの大ピラミッド群のすぐ南）の第一王朝アジブ王の皇太子サブーの墳墓から、エジプト学者のウォルター・E・エメリー教授によって発見された。

したがって、ツタンカーメンの時代より1700年も古く、BC3100年ないしそれ以前、先王朝時代の産物らしいが、不思議なことに現在まで同種のものはこれ以外まったく発見されていない。

宇宙文明人から地球人への遺産か？

第一の謎は、この製作年代である。エジプト文明に車輪とか滑車、ろくろといったような回転力を利用する技術が輸入されたのは、１４００年も後半というのが学界の定説。学者にとっては存在するはずがない代物なので、発見者エメリーもすっかり当惑し、「片岩製の鉢のような容器だが、この奇妙なデザインには満足のいく説明がつけられない」と正直に認めた。博物館の陳列ケースの解説はまたちがっていて、「ユニークな形態の片岩製花瓶。たぶんハスを生けて柱上に飾るためのもの」と記されている。

第二の謎は、その材質。片岩という石は加工しやすいが反面きわめてもろく、すぐに薄い不規則な層状に割れてしまう。にもかかわらずこれほど精密正確に加工されている点が、高度の科学知識と技術水準を暗示している。

第三の謎は、その用途である。材質と出土場所から考えて、明らかに実用品ではなく、何かをかたどった祭祀用か装飾用品だろう。現にエジプト学者のなかにも、イギリスのシリル・アルドレッドのように、「この物体はおそらく、もともと金属製だったものをかたどったレプリカだろう」（『エジプト、古王国時代の終焉まで』より引用）

と認める人すら現われている。

だとすると、どんな金属製品をかたどったものだろうか。形状から見て、高度に複雑な機械装置の金属部品だったにちがいない。古代エジプト最初の王朝の王位継承者の墓から副葬品として見つかったのだから、支配者にとって文明の発祥に関わるような、よほど神聖な〝神器〟の一種だったのだろう。

興味深いことに、シッチンはその形状が、近年ロッキード・ミサイル＆スペース社の技術陣によって宇宙船や機関車の新型エンジン用に試作された〝はずみ車〟と酷似していることを指摘し、宇宙文明人から地球原住民に残された〝遺産〟の一部だったとする。

そこまで飛躍していいかどうかは別として、たしかに太古の〝片岩製はずみ車〟の製作者たちが何者かから高度の科学知識、科学技術を受け継いでいたことを、このオーパーツは明確に物語っている。

壁画が解き明かす照明技術の謎

あまりに説明不可能という理由で学者たちが避けつづける古代エジプト文明の大き

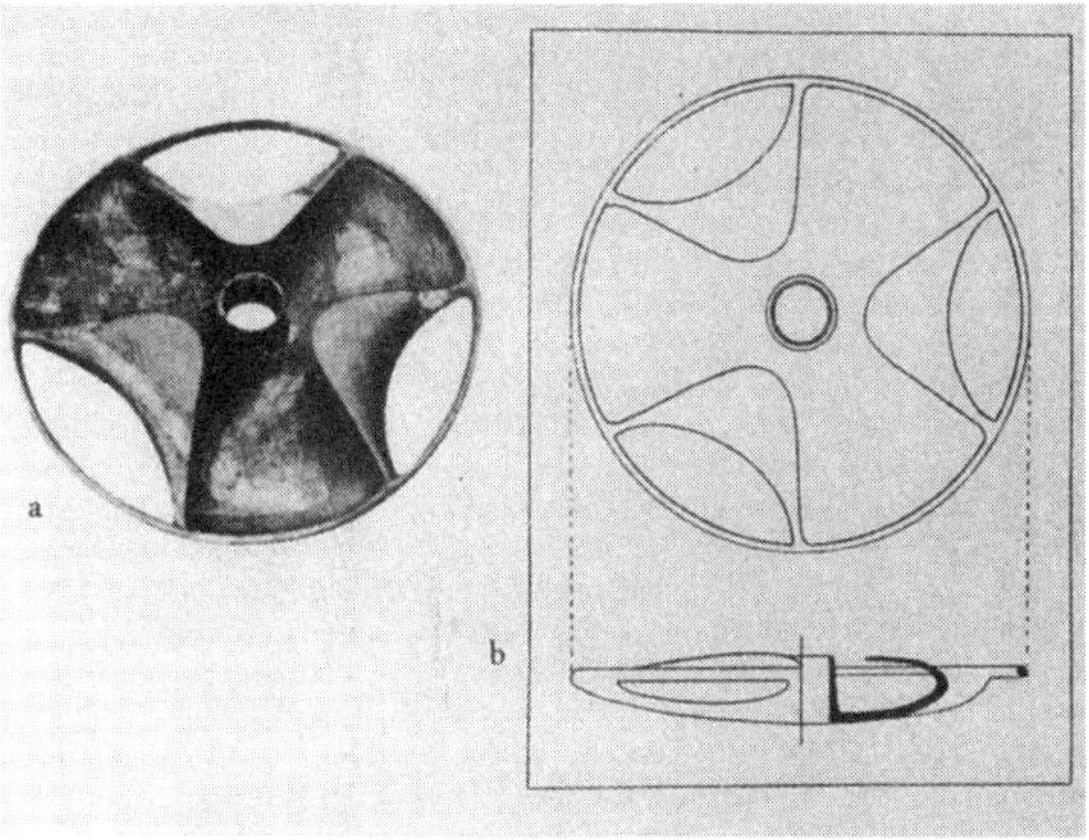

“はずみ車”の平面図。精密加工の産物であることがよくわかる

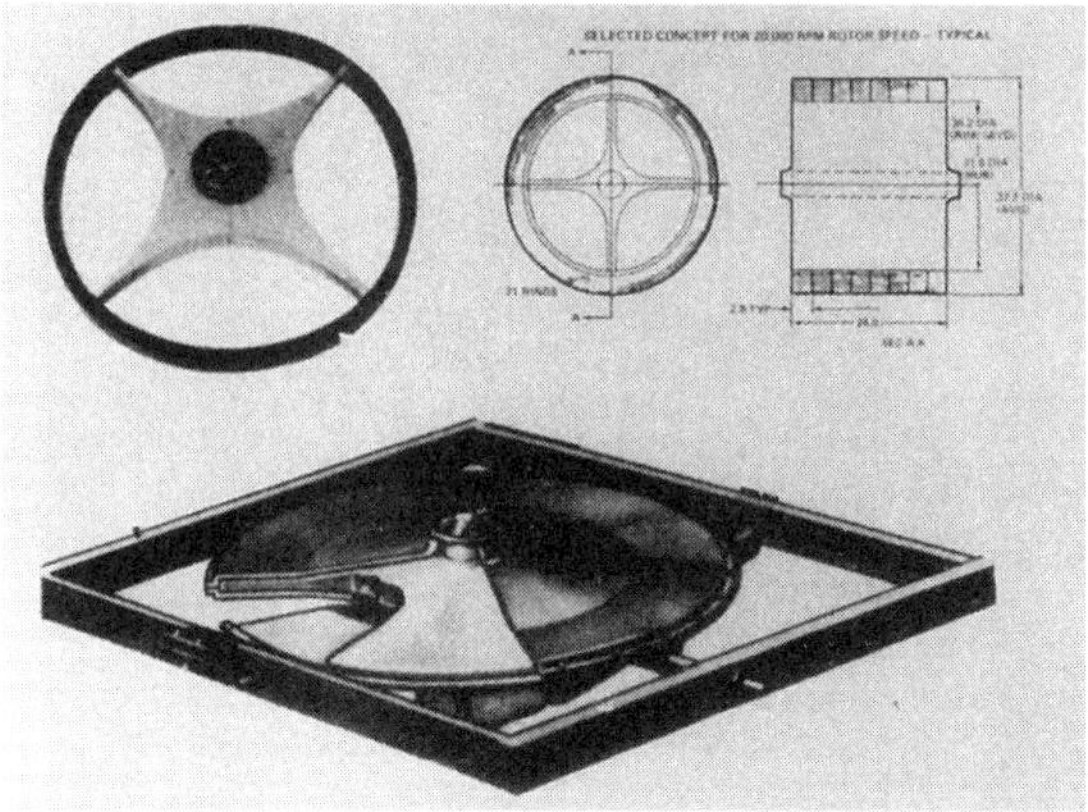

ロッキード社が試作した航空宇宙用エンジンの部品（新型のはずみ車）と酷似している

なミステリーのひとつは、照明技術の問題である。

明かりとり窓のない最初期のピラミッドや神殿内部の壁画、碑文、レリーフそのほかの装飾は、よほど強力な照明装置なしでは製作不可能だったはずなのに、明らかに後代のもの以外のスス跡がまったく発見されていない。学者が提出した〝無煙性ロウソク〟とか〝組み合わせ鏡〟などの苦肉の仮説も、けっきょく実証されずに終わっている。

だが1964年、スウェーデンの古代史研究家イファン・トロエニーが、デンデラのハトホル神殿の地下室壁画に残るレリーフの絵柄に、「〝照明電球〟とそれを支える〝高電圧絶縁器〟が描かれている」と指摘、新しい形のオーパーツとして脚光を浴びた。

現存のハトホル神殿は、エジプト王朝末期のBC1世紀、例のクレオパトラ女王時代に建立されたものだが、踊りと音楽の女神ハトホルに対する信仰は、最古の第一王朝以前までさかのぼり、当時は〝天空の女神〟とされていた。神殿の地下部分は地表部分よりはるか太古につくられ、また、ずっと巨大な三層構造で、まだまだ未発見の通路や地下室があるといわれている。

問題の絵は、ふつうの観光客は案内されないその第1層最南端のG室第27、第29壁面にある。地下室とはいってても、実際にもぐってみると幅が2メートルほどの地下道みたいな細長い部屋だったのは意外だが、無残な盗掘や破壊の跡がなまなましい地上の神殿や地下室のほかの部分とちがって、嬉しいことに〝照明電球〟や〝高電圧絶縁器〟の見事な壁画レリーフが、無傷のまま残されていた。

絵柄の解釈については、いちばん目につく細長い袋状物体からして、学者たちの意見はいまだに意外なほどてんでんばらばらだ。〝スネーク・ストーン〟説では、中空の石碑の内部にヘビを封じこめ、守護神として神殿正面に立てたもので、そこに宗教的モチーフの〝ハスの花〟が接続されているのだという。

太陽神ラーのシンボル〝太陽の舟〟をデフォルメしたものという説もあり、この説では、接続されているのは、〝船尾の飾り〟としている。

また、神聖な儀式に使われる特大の〝羽根うちわ〟を表現したものだ、と主張する学者もいる。

これら従来の解釈の最大の弱点は、いずれの説もその正当性を裏づけるようなほかの文献資料や、発掘された実物がまったくないことだ。もっとも、絵柄中のほかのモチーフは、古代エジプト美術で見慣れたものなので、学者たちも安心して説明する。

袋状物体をがっしりと支える柱状物体は、古代エジプト人に広く神聖視され、魔除けの護符として使われた〈安定と力〉のシンボル・パターンで、〝ジェド柱〟と呼ばれるものである。球体を頭上にのせ、両手をあげている人物は、大気の神シューで、球体は太陽を表わす。ナイフを手にしたヒヒのような動物は、魔法と知恵の神トートの化身、といった具合である。

だが、これらのシンボルや神々が各説とそれぞれどう結びつくのか、袋状物体になぜ支柱が必要なのか、ハスの花がなぜつながっているのか、何よりも全体としてこの絵柄が何を表現しているのか、といういちばん重要な疑問には、どの説もまともに答えられない。

ましてヒヒがなぜナイフをかざし、向かい合って手を取り合う人物たちが何を表わすのかという点になると、エジプト学者たちは完全に沈黙してしまうのだ。

神殿内部を照らしだした〝照明電球〟

それに比べると、トロエニーとその説を発展させた支持者たちの〝照明電球〟説は、各モチーフを絵柄全体の有機的構成要素として、はるかに論理的整合性をもって説明できる。

地下室つきあたり正面の“照明電球”１基配置の図のクローズアップ

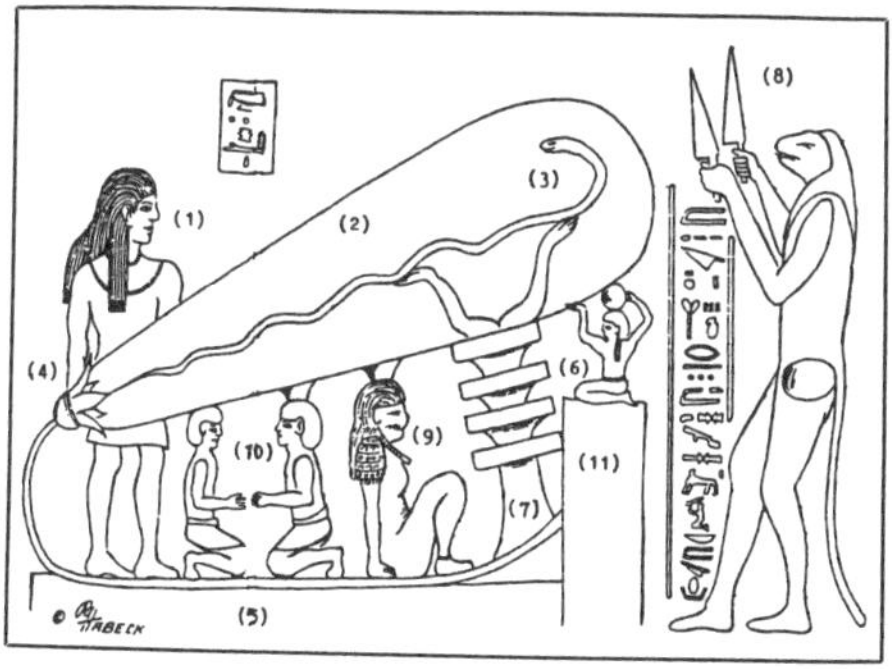

“照明電球”の説明図。
(1)神官(電気技師？)(2)中空の石碑(電離ガラス体の入った電球ないしブラウン管？)(3)ヘビ(放電またはフィラメント？)(4)ハスの花(ソケット？)(5)ハスの茎(ケーブルないし導線？)(6)大気の神シュー（気象現象？)(7)ジェド柱(絶縁器または支持台？)(8)トート神(実験管理者？)(9)巫女(直流電流？)(10)神官見習い(電気のプラス・マイナスないし交流電流？)(11)祭壇(発電機ないし制御装置？)

まず絵柄の中心は、〝絶縁器または支持台〟に支えられた巨大な〝電離ガス入り電球またはブラウン管〟が〝ソケット〟に取りつけられ、長く太い〝高電圧ケーブルまたは多目的導線〟で〝発電機、バッテリーまたは制御装置〟に接続されているというところだ。

エジプトでもほかの古代世界でも、ヘビは電気やイナズマのシンボルともされていたのだから、この想定は決して突飛ではない。実際、エジプト学者によると、右上の象形文字の銘文は、力と正義の神ホルスに言及しているのだそうだが、この神は同時にイナズマのような気象現象の擬人化ともされている。

また、大気の神シューが〝発電機〟の上に座っているのは、空中放電による電離現象ないし太陽発電の原理の暗示か、あるいは、エジプト象形文字では両手をあげている人物が百万以上の無限数を表わすから、エネルギーの無限性を表現している可能性もある。

さらに、ヒヒの姿をしたトート神は、魔法と知恵すなわち古代科学の神だから、このような科学実験の場に立ち会うにはまさにぴったりだ。手にしたナイフは実験の危険性の暗示と解せる。しかもエジプト神話では、トート神は「みずから発する光で暗闇を明るくする努力をした」とされている神でもあるのだ。

ちなみに、著名な動物学者で超常現象研究家でもあったアイヴァン・サンダーソンによると、古代エジプトの神官階級は野生のヒヒを訓練して神殿内の単純労働に使ったという。危険な機械を人間の代わりにいじらせたと考えれば、ヒヒに化身したトート神はそんな事実の反映だったのかもしれない。

こう見てくると、〝照明電球〟の下に座っている小さな人物たちも、手を取り合った2人は電気の極性プラスとマイナスを表わすか、または交流電流を象徴し、もうひとりは直流電流を暗示していると、すっきり解釈できることになる。

神々の力を誇示する魔法の放電現象

これを裏づけるように、BC15世紀前後のパピルス文書からは、〝発電の知識〟を暗示する絵さえ発見されている。

古代エジプト人は前出の〝ジェド柱〟と並んで、〈永遠の生命〉を表わす〝アンク十字（いわゆるエジプト十字）〟をもっとも神聖視したが、その二大シンボルを重ねた上に球体（太陽）をのせた構図の絵がそれで、当時盛んだった太陽信仰を表現するものとされている（ちなみに、このジェドやアンクもまた、私の考えではオーパーツであり、後述するようにそれぞれ生命の基本物質であるDNA、RNA、子宮などに関する高度の多義的科学知識が起源となっている）。

だが、アメリカの電磁気技師マイケル・フリードマンは、この絵柄が今世紀初頭に発明された静電気発電装置、ファンデグラフ発電機によく似ていることを指摘し、問題のパピルス画をもとに〝古代エジプト発電機〟の構造を推理した。左が、その解説図である。

こんな単純な構造でも、最大50万ボルトの電圧を発生させることが可能だという。

「おそらく神官たちは、この機械で、魔法のように放電現象を操る宗教的な秘儀を執り行ない、〝神々の力〟を見せつけ、ファラオから一般大衆まで畏怖のとりこにすることで支配の体制をより強固なものとしたのだ」

というフリードマンの考え方は、古代エジプト文明がそもそも発祥の時点から強大な宗教文明として出現した事実に照らしてみれば、きわめて納得がいく。

古代エジプト文明はアトランティス文明の〝遺産〟から発祥したという主張が、民間では今も根強く信じられているが、正統的なエジプト学でも、この古代文明が文字や数字はもちろん天文、地理、建築、法律、政治といった文明の基本骨格を最初からそっくり備えた宗教文明として出現し、以後、進歩らしい進歩を見せないまま、衰微

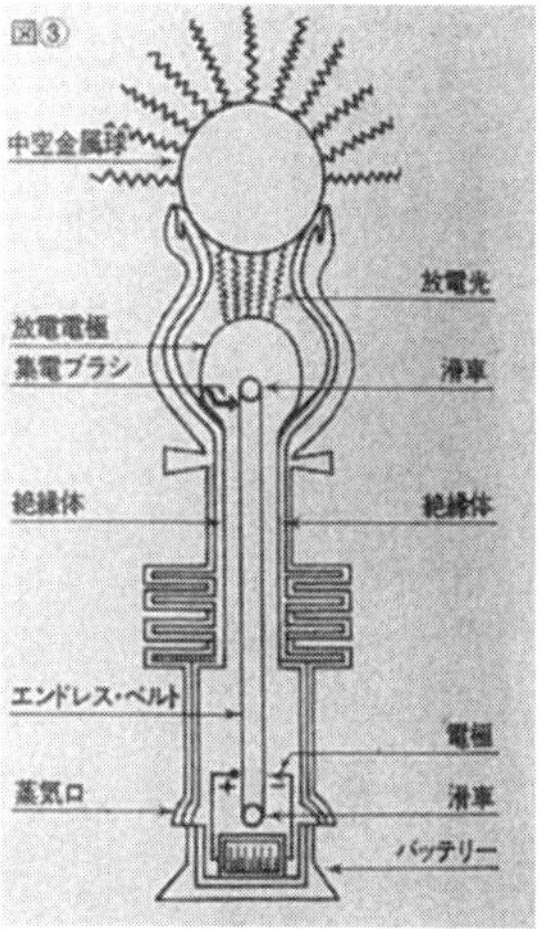

“古代エジプト発電機”はこんな構造だった？

“太陽崇拝”を表わすパピルス画

の一途をたどったことは、はっきりと認められている。

いずれにせよ、そうして先行文明から受け継がれたせっかくの科学知識や科学技術も、支配階級に独占されるうちに、秘教化・形骸化の道をたどってしまったのだろう。その結果、そうした科学技術や知識は、現代のオーパーツに、そのわずかな名残をとどめるにすぎなくなったものと考えられるのである。

〝アンク十字〟は生命の遺伝暗号

古代エジプト人が強く神聖視して護符・魔除けに使った二大シンボル・パターンの〝アンク十字〟と〝ジェド柱〟もまた、その起源と形態と意味からいって、やはり一種のオーパーツといえる。

どちらのシンボルも起源は非常に古く、護符としてだけでなく聖刻文字（古代エジプトの象形文字）としても、王朝が始まるBC3000年以前から用いられていた。

したがっていろいろ説は出されているものの、本来何に起源し、何をかたどったものかについてはまったく謎に包まれていて、現代のエジプト学者にもきちんと説明できないのだ。

〝アンク十字〟は上部に輪のあるエジプト固有の十字形なので、〝エジプト十字〟とも呼ばれる。十字架の研究家によると、中近東地方に太古から伝わるすべての型の十字架が頭部のほかに横棒の両端にも輪をつけており、おそらくそのバリエーションらしい。

現在もこの三つ輪つきの原型にいちばん近い形をとどめるのが、中近東と東欧で広く信仰されるキリスト教東方正教会系の〝正教会十字〟だとされている。非常に奇妙なパターンで、縦棒になぜか意味不明の斜め棒がついているのがその特徴だ。

これらの十字架は意味もすべて共通で、宇宙、原理、多産、生命などを表わし、とりわけ〝アンク十字〟は文字としても、生命とか生命の鍵、永遠の生を意味している。

ところで、生命にとっていちばん重要な化学物質は何かといえば、遺伝子中の核酸だが、これにはいわば遺伝情報の記録装置であるＤＮＡ（デオキシリボ核酸）と、その再生・翻訳装置であるＲＮＡ（リボ核酸）の二つの種類がある。

後者はさらに３種類あって、とくに中心的ないわば〝通訳〟の役目をもつ〝転移ＲＮＡ〟の構造が、１９６５年にようやく解明された。その化学的構造を二次元（平面）の模式図で表わすと、三つ葉のクローバー型になることがわかったのだ。

その図を見てほしい。〝アンク十字〟やとりわけその原型の〝正教会十字〟にそっくりなことは一目瞭然で、とくに十字形の中心から斜めに突出した部分があるところなど、この両者をあっさり偶然の一致、という説明で片づけられるだろうか。

意味と形態のこの不思議な合致を最初に発見したポーランドの化学者ジスラウ・レリグドヴィッツは、こう断言している。

「古代エジプトの神官たちがＲＮＡの構造を理解していたとは考えられない。何者か高度の知性の持ち主から、われわれ人類がどんな生物なのか、その遺伝暗号――いわば身分証明書を与えられて、後生大事に持っていただけなのだ。〝神々から授けられた聖なる御しるし〟として畏怖し、あがめつづけただけなのだ。

それにしても、彼らに遺伝暗号のシンボルを与え、それが〝生命の鍵〟であることを教えたのは、いったい誰なのだろうか？」

〝ジェド柱〟は地軸の具象化

一方、〝ジェド柱〟のシンボルとしての意味は安定と力とされ、〝アンク十字〟同様古代エジプト文明の全期間を通じて、レリーフやパピルス文書中の絵のなかに頻繁に描きこまれた。

正教会十字

転移RNAの化学構造模式図

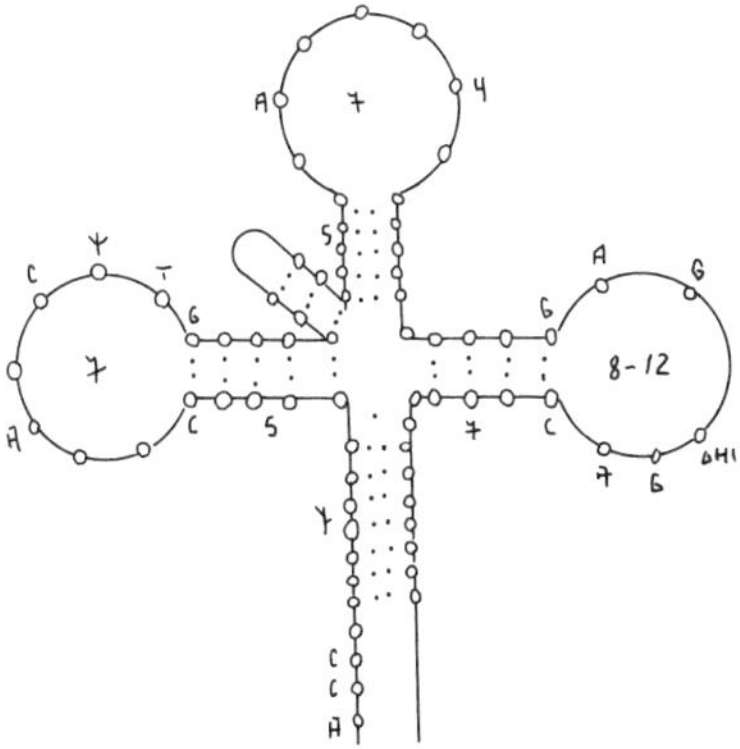

転移RNAの構造模式図と太古から伝わる正教会十字との相似はあまりに明らかだ

何をかたどったかについては、神話的な〝天の支柱〟説や〝天の梯子《はしご》〟説、寓意的な〝オシリス神の背骨〟説から、もっと形状に即して〝穀物の葉を層状に巻きつけた柱〟〝シュロの木の幹〟〝縄でくくったアシ（パピルス）の束〟などに見立てた説までまちまちで、これでは定説はないに等しい。

ただ西暦前の古文書を見ると、当時1年の始まりだった春分の日に、アシの束を四重の環で束ねた高い柱を立ててオシリス神を祝う風習があったらしく、このことは〝ジェド柱〟が天文現象と深く関わっていることを暗示している。

そもそも古代エジプト文明はその発祥の時点で、すでに高度の天文・地理知識を有していた。事実上すべてのピラミッドが主要通路の向きを天の北極へ揃えてつくられていた事実は、明らかに星空が北天の極点を中心に回転していることを知っていた何よりの証拠である。

古代人がじつは地球の丸いことを知っていたことは本書のほかの章（ピリ・レイス地図や大石球）でも指摘したし、古代エジプト人もむろんそうだったという具体的証拠もたくさんあるのだが、オーパーツの問題と離れすぎるので、その論証は別の機会に譲る。

したがって、天の北極を中心にした星々の円周運動が地球の自転によって起こるこ

DNAの模式図と“ジェド柱”もきわめて共通性に富んでいる

古代エジプトで行なわれていた、ジェド柱を立てて祝う春分の儀式

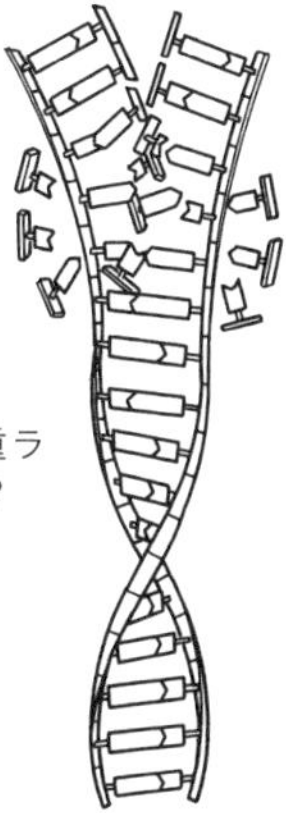

DNAの分子構造図
“ジェド柱”は、DNAの二重ラセン構造のシンボルだった？

とは、当然古代エジプト人にも理解されていたにちがいない。つまり、彼らの宇宙観でいちばん大切な中心モチーフが、地軸とその南北への延長線上にある天の北極・南極を結ぶ巨大な〝世界回転軸〟――つまり〝ジェド柱〟であったことは想像にかたくない。

アメリカの古代史研究家ウィリアム・フィックスは、宇宙と宗教上の抽象的概念を表わすのに古代エジプト人がいつも有形物をシンボル化して使った事実を踏まえて、鋭くこう指摘している。

「この様式化された柱〔ジェド柱〕こそ、地球の自転という事実を映しだし、地軸という目に見えぬ概念を具象化したものだ」

二大シンボルが秘める両義性

しかし、古代エジプト人ばかりでなくすべての古代人に共通することだが、彼らのシンボリズムにはつねに両義的含意があり、一面的解釈ではすまない。古代人の宇宙観はそのまま生命観である。

この二大シンボルも、一方が生命のシンボルで他方が宇宙のシンボルなら、おそらくそれぞれにその逆もいえるだろう。

これはあくまで私見だが、〝アンク十字〟あるいはその普遍型である十字形のシンボルは、宇宙的観点からいえば、古代人が文明のきざはしを登りはじめる出発点でもっていた地理的方位の基本認識（東西南北）を形に表わしたものではないだろうか。

そのいい証拠が天文学上、地球を表わす公式記号の⊕である。天文学記号はこれを含めてそのほとんどが、古代の占星術から受け継がれている。そして占星術のルーツは、エジプト発祥の時点はもちろん世界最古の文明シュメールにまでさかのぼってしまうのだ。

誰が最初に思いついたにしろ、この記号が地球の四方位を表わしていることに疑問の余地はない。古代人は地球を四方位をもつ球体と地理学的に認識し、同時にそれが〝十字形〟の起源となった、と考えるのは筋が通っていると思う。

さらに〝アンク十字〟にかぎっていえば、上部の輪は北ないし北半球を指し、そこにエジプトが存在することを暗示していたとするのは飛躍にすぎるだろうか。

〝ジェド柱〟はどうだろう。私自身その宇宙的意味を知って以来もう一方の生命的意味を探るうち、ふと〝アンク十字〟がＲＮＡならこちらはＤＮＡではと思ったとたん、愕然となった。

〝ジェド柱〟の最大の特徴は四重環である。先述の〝天の支柱〟説をとるエジプト学者は、天の四隅を重ねた表現とするが、宇宙的意味がもっと科学的な〝世界回転軸〟であるなら、生命的意味もやはりもっと科学的な生物学的解答でなければなるまい。ＲＮＡが遺伝情報の〝通訳〟なら、ＤＮＡはそれ以上の〝主役〟——生命という世界のまさに回転軸に等しい。

実際そうなのだ。ＤＮＡは化学的には二重ラセンという回転構造になっていて、ラセン状にねじれた2本の鎖の間を梯子状に結合部分が並んでいる。そして結合部分を形成するのは、つねに4種類の塩基と決まっているのだ！

現代の教科書に掲載されたＤＮＡの分子構造図は〝ジェド柱〟とあまり似ていないが、この構造図もあくまで模式図であって現実そのままではない。古代人がどうやって知ったにしろ、同じ構造を異なる模式図で表現したとしてもけっしておかしくはないだろう。

それより〝ジェド柱〟とＤＮＡの構造要素がここまで合致することのほうが、やはり偶然の一致という安易な説明で片づけられないほど重大だと、私は考えるのだ。

vol.
11

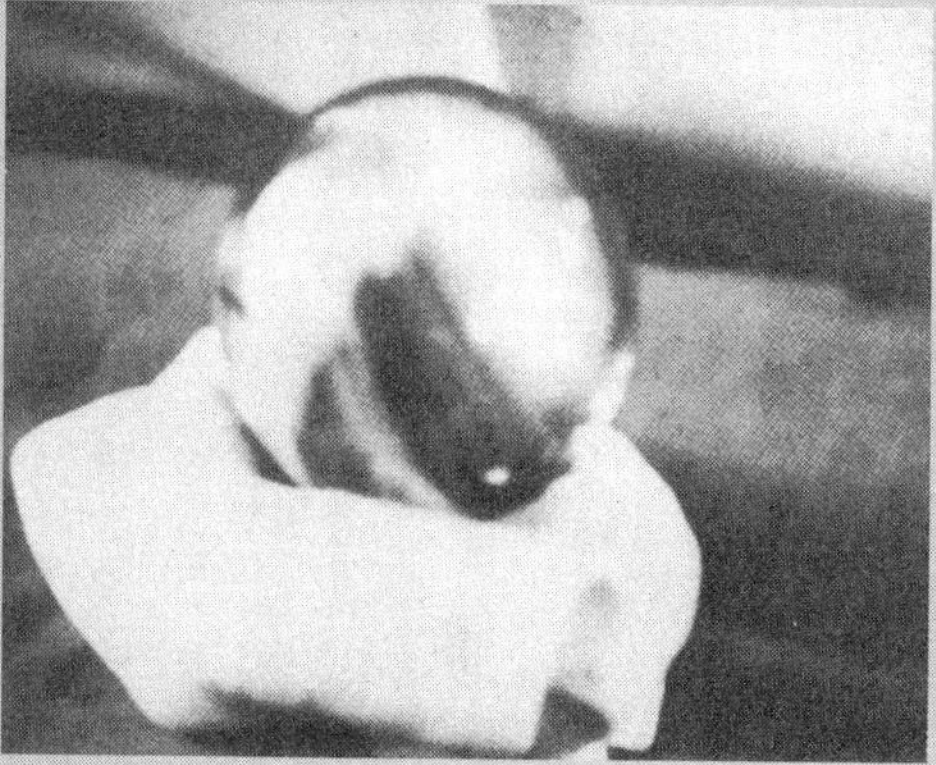

ピラミッド水晶球

バハマ諸島

アトランティス海域で発見された水晶球

大西洋西部のバミューダ海域は、よく船や航空機が消滅し、また変化の激しい海底に巨石遺跡らしきものが見え隠れするので知られている。

アメリカの沈没船探検家レイ・ブラウン博士が、1970年の夏、同海域のバハマ諸島付近でダイビング中、そんな海底遺跡から不可解な〝ピラミッド水晶球〟を発見した。

今のところ発見者の個人所有物としてアリゾナ州メサの自宅に保管されており、正式の科学調査もまだされていないが、ブラウン自身や直接このオーパーツに接した人たちの報告では、前出の〝水晶どくろ〟に勝るとも劣らぬ神秘的な高度技術の産物である。

材質の見かけと光線の屈折度は水晶（石英結晶体《クォーツ・クリスタル》）だが、金属的性質が感じられ、実際にも重さは通常の水晶の1・5倍ある。

この水晶球の最大の特徴は、見る角度によって半透明の中心部に、煙水晶のようなほぼ完全なピラミッド状の黒影パターンが現れたり消えたりする不思議なつくりになっている点だ。

この〝黒いピラミッド〟は一定の方角からしか明確に見えず、見る角度がズレるにつれてぼやけてくる。しかもよく見るとひとつではなく、少なくとも三つ以上の影が重なっている。

このピラミッド像群を真横から見ると、ちょうど電子グリッドに似た何千もの微小なグリッド線から構成されていることがわかる。したがって実際には縦・横・斜めのあらゆる方向に向いたピラミッドが存在し、その中にピラミッドが、またそのなかにピラミッドが……という具合に際限なく重なりあい、正面から見れば大きなひとつのピラミッドがそそり立つ不可思議な構造になっているのだ。

このような手のこんだ構造の水晶球を製作するには、現代に匹敵する高度な科学技術が必要だが、この水晶球の不思議さはそれだけにとどまらない。

たとえば、方位磁石をすぐ上にかざすと、針は時計回りの方向に動くが、5センチぐらい離すと、逆に反時計回りに回りだす。手をかざせば、イオンの流れが吹き上げているらしくピリピリと感じ、表面からの距離しだいで冷感と温感が入れ替わる。さらにピラミッド構造物の内部に置くと、いわゆるピラミッドパワーがいちじるしく増大するという。病気の治療効果や瞑想の深化効果もあるとされ、何かのはずみでひとりでに発光しはじめることもあるそうだ。

また、この水晶球を調べた霊能者は全員口をそろえて、思考力をはじめあらゆる形態のエネルギーを何十倍にも増幅する機能があり、使い方しだいで有益にも有害にもなると答えている。

この〝ピラミッド水晶球〟の発見地点は、多くのアトランティス実在論者の主張によれば、沈没以前のアトランティス文明の西境植民地だったとされる海域に属している。一方、クォーツ・クリスタル（石英結晶体）といえば、現代の科学技術ではコンピュータの回路素子に欠かせぬ水晶振動子のことでもある。

そう考えれば、このオーパーツの発揮する説明不能のさまざまな不思議な作用も、じつは太古に栄えたアトランティス文明のテクノロジーの異質性を物語っているのかもしれない。

vol.
12

三葉虫を踏んだ靴跡

ユタ州・アンテロープスプリング

説明がつかない化石の数々

厳密にいえばオーパーツそのものではなく、その〝押痕《プリント》〟――いわば擬似オーパーツにすぎないが、ひょっとしたら本書のテーマにとって最も大きな意味をはらんでいるかもしれぬ可能性を考えて取り上げておきたいのが、この謎に満ちた足跡化石である。

1968年6月、アメリカのユタ州アンテロープ・スプリングで妻子とともに化石探しを楽しんでいたアマチュア化石蒐集家《しゅうしゅうか》ウィリアム・マイスターが発見したもので、もしこれが見かけ通りのものならば、人類と科学の歴史を完全に塗り替える大発見になるだろう。

それはどう見ても、明らかに〝三葉虫を踏み潰したサンダル靴の跡〟の化石だったからだ。

一家はそれまでにもう数匹の三葉虫の化石を見つけていたが、マイスターがふと手にした厚さ5センチほどの岩石板をハンマーでたたくと、簡単にパカッと二つに割れ、内側からこの驚くべき〝靴跡と踏み潰された三葉虫〟の化石が陽の下に現れたのである。

三葉虫はカニやエビと近縁の海生の節足類で、5億年前に多いに栄え、2億8000万年前に絶滅した。

その生きた三葉虫を3匹踏み潰したように見える〝サンダル靴跡〟は、長さ約26センチ、幅8・9センチと人間並みのサイズで、普通の靴跡同様にかかとの凹みまでちゃんとある。だが、数億年前の地球上には人間はおろか、多少でも人間に似た足形を残せるような（といっても靴ははかないが）サル、クマ、ナマケモノなどを含む脊椎動物は、まだまったく出現していなかったはずなのだ。

最初に調べたユタ大学地球科学博物館のジェームズ・マドセン研究員は、「自然のプロセスで偶然靴跡に見える形になっただけ」と否定したが、どんなプロセスが働いたのかということは具体的に説明できなかった。

同じ大学の人類学者ジェシー・ジェニングス博士も否定的な見方をとって、「この特異な形の押痕《おうこん》は、1匹の大きな三葉虫が3匹の小さな三葉虫の上に覆いかぶさった跡だろう」と大胆に推測したが、といってこの仮説を裏づける証拠は何ひとつなかった。

翌月の7月20日、隣のアリゾナ州ツーソンから調査にきた地質学者クリフォード・

バーディック博士が、発見地点付近の泥板岩層に、今度は〝子供のはだしの足跡〟を見つけた。長さ約15センチ、5本の足指が開きぎみのまぎれもなく人間の子供の足跡だった。まるで〝サンダル靴跡〟の主が、素足のわが子を三葉虫の這い回る波打ちぎわにそっと抱き下ろして歩き回らせている、そんな親子の姿をほうふつとさせるような発見だ。

さらに翌8月には、ソルトレーク・シティの学校教師ディーン・ピッターがやはりアンテロープ・スプリングで、2個の〝靴かサンダル靴の跡〟を発見した。三葉虫こそ踏み潰してはいなかったが、これらの〝靴跡〟を調べたユタ大の金属学者メルヴィン・クック教授の話では、同じ岩層上のすぐそばに小さい三葉虫の化石があり、おそらく〝靴跡〟と同時代のものだろうと報告している。

これらの数億年前の〝靴跡〟が、もしまちがいなく〝文明人が波打ちぎわを歩き回った足跡〟だとすれば、メキシコの〝恐竜土偶〟のケースと似たような問題が起こる――地質と生物・人類の進化年代の決め方にどこか誤りがあるのか？　それともひょっとして、異星文明人が太古の地球を訪れたという貴重な証拠なのか？

まさかいくら何でも、地球上のいつの時代にかタイムマシンが発明されて、文明人がはるかな過去を訪れたという証拠ではないだろうが……。

vol.
13

巨石建築の不思議

ペルー・オヤンタイタンボ／クスコ

今も解けない巨石運搬技術の謎

古代南米のアンデス山中に栄えたインカ文明の石造建築物は、とりわけ〝接合面にカミソリの刃1枚挿しこめないほど〟ぴったり組み合わされた巨石の石組みで有名である。

厳密にいえば、多くはそれ以前のプレインカ文明から引き継がれたもので、そこに使われている技術の高度さからみて、まさに謎にみちたオーパーツである。

代表的な一例が、ペルーのオヤンタイタンボにでんと構える〝6枚屏風《びょうぶ》岩〟である。

ここはかつてインカ帝国の首都だった高原都市クスコの北方、ウルバンバ川にのぞむ小高い丘上に構築された巨石城塞遺跡で、考古学者によるとこの〝6枚屏風岩〟は、インカ人が〝太陽神殿〟として使った建造物の一部だろうという。

実際、現場に立ってみて初めてわかったが、それは川を見下ろす絶壁の崖っぷちの小広場の正面にそびえ立ち、前方には祭壇とおぼしい横長の巨石が横たわり、ほかにも巨大な切石《ブロック》が累々と転がっていた。いかにも古代の神殿跡という感じの場所である。

屏風といっても便宜的な呼び方にすぎず、事実は厚みのある6個の重くて固い花崗《かこう》岩切石が並べられた列石構造で、各石はやや不ぞろいだが平均して高さ、幅、厚さが4×2・5×2メートル前後、推定重量は最低でもそれぞれ50トンから80トンはある。

各石の中間には、小さな突起が数個ついた薄板がぴっちりはめこまれているが、単なる装飾なのか、ほかに意味があるのか、ほかの南米巨石遺跡には見られぬ独特の不思議な特徴である。

その点の考察は別の機会に譲るとして、この山上の巨石建造物を見たとたん真っ先に考えさせられるのは、巨石の運搬方法だ。

考古学上の定説では、インカやプレインカの時代には車輪のたぐいは発明されず、したがって滑車も存在せず、金属も銅までで鉄や鋼鉄はまったく知らなかった。運搬用具はもっぱら皮革か植物製のロープ、丸太のコロ、牛馬より弱いリャマ（アンデス原産でラクダと近縁の荷役動物）の牽引《けんいん》力と人間の筋力に頼るほかなかったのである。

それでも水平方向なら、学者の主張するとおりなんとか運べるだろう。だが、山上の巨石建造物のように、上下の方向への運搬となるとそう簡単にはいかない。それを可能にする現代のクレーン、トラクター、ガントリーなどの起重・運搬用重機械とそれを動かす強力な動力は、当時いっさいなかったはずだからである。

〝6枚屏風岩〟の場合、謎はもっと深刻だ。やはり精密に隙間なく組み合わされた城

“６枚屏風岩”

“６枚屏風岩”の前方にも巨石ブロックがごろごろ転がっている

“６枚屏風岩”の横はすぐ絶壁になっており、真下をウルバンバ川が流れる

巨石ブロックの中間には突起つきの薄い石版がぴっちりはめこまれている

塞のほかの部分の切石は、ほとんどが安山岩《あんざん》で、これは同じ丘上で見つかる。

ところが、花崗岩は同じ丘のどこを探してもないのだ。最寄りの花崗岩採石場は、直線距離で約10キロ、実際の運搬距離では少なくとも15キロ離れた川向こうの山上にある。

つまり建造者は重量80トンもの巨石をわざわざ高さ330メートルの山上で切り出し、いったん麓まで降ろし、10キロの平地を運ぶ途中で激流を渡河《とか》し、ふたたび高さ約150メートルの丘の上まで、急斜面を引きずり上げたことになるのだ！

この推測が正しいことは、川を渡った付近に放置された切石が、現在もそこにある事実が証明している。

大地震にも耐えた驚異の建築技術

クスコ郊外のサクサイワマン城塞遺跡にも、同じことがいえる。人工的に平坦化された山頂に、大半が玄武《げんぶ》岩から成る大小数万個の石材をがっちり組み合わせ、3段構えの防壁が構築されているのだが、各切石の重量は単純計算でも30トンクラスがざらで、最大の切石は推定250トンにも達する。

クスコ郊外にあるサクサイワマン城塞遺跡。まるでトウフを切るように岩が切断されているのがわかる

この遺跡に存在する"逆さ階段"。何のために彫られたか目的も意味も不明

そして、同質の石を産する最寄りのルミコルカ採石場は、やはり千仞《せんじん》の谷を越えて35キロほど離れた、川向こうの山腹にあるのだ。

また、オヤンタイタンボもそうだが、ここではとりわけ多くの切石が、露出面だけでも6角や8角もあるデコボコの多面体に切り出され、それがまた隣接するどの切石とも、接合面が毛ほどの隙間もなく密着して噛み合っている。直方体に切った石でも、隣りの石との接合面は、わざわざ凹凸をつけてズレが生じないように工夫されているのだ。

自然石の形なりの加工と同時に、この地方は地震の多さで知られているから、建造者は当然、耐震設計を念頭にしてこのような多面多角の切り出し法を採用したのにちがいない。

この点を実証する皮肉なエピソードがある。クスコ市内のカトリック教中央寺院は、スペイン人がインカ帝国を滅ぼしてインカ建築物を土台にして建てたものだが、近年襲った大地震でかなりの被害を受けた。しかし、堅牢なインカ建築の部分だけはビクともしなかったのだ。実際、筆者が訪れたときも、同寺院はまだあちこちを修復中だったのである。

こうした自由自在な石材加工技術の説明として、古代アンデス人は〝石を溶かす、

クスコ市にある古代アンデスの石組み。スペイン人の建造物はこの石組みを土台にして建てられている

地震の際、上部のスペイン人の建造物は壊れたが、石組みは残った

あるいは表面を軟らかくするある種の放射性植物エキス〟を使っていたが、今ではその秘密が失われてしまった、という伝説もある。

著名なイギリスの探検家で1925年にアマゾンで消息を絶ったP・H・フォーセット大佐は、〝石を溶かす液体が入っていた容器が遺跡から発見された話〟とか〝乗馬靴の拍車が踏みつけた植物の汁で溶けた話〟の見聞記録を残しているほどだ。

もっとも、これらの話がどこまで信用できるかは疑問で、たとえばフランスの考古学者ジャンピエール・プロセンは最近、数年がかりの実験の結果、現地で大量発見された石槌だけで比較的容易に切り出しと加工整形ができることを証明してみせた（『インカの石工技術』サイエンティフィック・アメリカン誌1986年2月）。

ただその彼もやはり、巨石運搬技術のほうは実地調査と計算の結果解明できなかったとサジを投げ、次のように認めたのである。

「オヤンタイタンボの切石は最大140トン、サクサイワマンの採石場は35キロ離れているが、どちらも運搬方法が説明できない。また、加工はできても100トン級の巨石をどうやって自由に持ち上げたり動かしたりして密着接合できるのか、その方法の見当がつかない」

工事不可能な〝灌漑用水路〟遺跡

だが、プロセンの実験報告にもかかわらず、石の加工整形技術のほうも、私はまだ解明からはほど遠いと考える。主な理由は、カハマルカの山中に今も残る〝工事不可能な用水路〟の存在である。

カハマルカはペルーの首都リマから北へ約600キロ、海抜3000メートルのアンデス山中にあり、インカ最後の皇帝アタワルパが征服者《コンキスタドール》ピサロの奸計《かんけい》にかかって処刑された故事の地として有名だが、当の〝灌漑《かんがい》用水路〟遺跡はさらにその奥地に入った山ふところにある。

雨期の最中だったので、私がようやく〝用水路〟遺跡にたどり着いたときには流れる水で溢れていたが、精密な技術力の産物であることはひと目でわかった。硬い岩肌がまるで〝トウフを切る〟ようにきれいに切断され、水路のほとんどすべての部分が直線、直角、垂直面、水平面から構成されているのだ。

それが山腹の地形を巧みに生かし、高所から低地に向かって不規則な折れ線状に下っていく。途中しばしば岩塊の中を直線的に貫通し、ときには岩壁に正確にカーブした垂直壁を設けて、流れの方向を変えたりしている。

とくに不可解なのは〝トンネル〟部分である。出入口が極端に小さくて、幅は30センチ以下、深さも50センチ未満。横断面が正確な長方形をなし、そのうえなんと内部で、直角に方向転換しているのだ！

しかもガイド役の若い地元研究者の話では、このような狭小な〝トンネル〟が各所にあり、最長は100メートル近くに達するという。また、幅が20～30センチしかないのに深さが2メートルに及ぶ個所もあるという。これではいくら体格が日本人並みに小柄なインディオたちの祖先でも、中に潜りこんで手作業できたはずがない。

もちろん水路はでたらめに折れ曲がっているのではなく、勾配、方角、深浅、狭広すべてが綿密に計算されていて、つねに一定の流量を保つよう設計されていたらしいのだ。ただし、現在では長年月のあいだの度重なる地震で途中が破損したため、かならずしも水がスムーズには流れていないが。

私はもっと確かめたくて、水路を逆にたどりながらしばらく登ってみたが、雨中でもあり、足場が悪くてこれ以上は危険という地点で諦めた。

だが帰路、ガイドの青年から、この〝灌漑用水路〟は、なんと本来太平洋に流れこんでいた川を堰き止め、内陸方向に水を導いて農耕用に使っていたもので、水路の総

レーザー光線で岩盤を切ったようにも思えるカハルマカ用水路

カハルマカ用水路。人間が入れないこのトンネル内部で、水路が直角に曲がっている

延長は20キロ以上に達していたと聞かされ、あらためて舌を巻いたのである。

古代の高度な技術が現代に蘇る

この驚異的な〝灌漑用水路〟の存在は、古代のアンデス山中で繁栄した古代文明が、少なくとも2種類のきわめて優れた高度技術を所有していたことを直接的に示唆してくれる。

まず第一に、このような直線・直角構造の水路を岩盤にうがてる、おそらくは岩石をまさにトウフのようにやすやすと切断・貫通できる強力な機械装置――先述の有機溶剤のような化学的溶解か、レーザーやジェット水流のような物理的加熱・加圧手段のいずれかであるにせよ、とにかく現代のそれに匹敵する精密切断技術である。

げんに1986年、米国ミネソタ州のセント・クラウド州立大地球科学部教授のアイヴァン・ワトキンズ博士は、既存の諸説を否定して〝超高熱光線処理〟説を発表している。インカの太陽信仰と一方で黄金文化でもあった点を考えて、おそらく現代の反射望遠鏡そっくりの、巨大な黄金製ミラーで集めた太陽光線の集束ビームを自在な切断・加工処理に使ったというのである。

クスコ、オヤンタイタンボ、マチュピチュその他の遺跡を調べた結果、巨石加工の精密な幾何学性に加えて、多くの切石表面に鉱物成分と結晶構造の変質を発見したが、これは自分の新説以外のどの説も説明できない、と博士は主張している。

優れた高度技術の第二は、農業技術である。これほど大規模な灌漑設備があったからには、当然それにふさわしい農業が営まれていたはずだが、私がカハマルカを取材に訪れた十数年前には、そんな高度の農業の存在など影も形もなかった。学者の多くも昔ながらの段々畑の農耕生活を指摘するだけで、そんな収穫量の低い原始的な貧しい農法ではプレインカ時代の文明社会を支えられるはずがなかったことにも、さして留意しなかったのである。

しかし、私の期待どおりついに1988年、アンデス山中のティワナコ遺跡周辺に現代を上まわる高度農業技術が存在していた、という大発見が報告されたのだ。黄金製遺物などと違って地味な発見だったためか、日本では新聞の片隅で伝えられただけだが、このボリビア・ペルー・アメリカ3国共同研究陣による発表は、いろんな意味でたいへんな重要性をはらんでいる。

ティワナコといえば、プレインカ最古の文明発祥の地とされる神殿遺跡で、ペルーとボリビア国境のチチカカ湖南部の標高4000メートル、空気の希薄な荒涼たる高地にある。やはり最大160トンを超える玄武岩や安山岩の巨石（記録では230トンの破壊された神像もあった）が、幾何学的正確さで加工整形され、100キロ以上も遠方の採石場からはるばる運搬されて、みごとな石組みの建造物に使われていることで知られている。

その周辺で20年ほど以前に発見された3000年以上も昔の奇妙な耕作方式の畑跡を、幾何学的に整ったみごとな灌漑水路網ともども、共同研究者たちが現地で復元し、ジャガイモの栽培実験を5年間試みたところ、なんと収穫量が従来の平均の5〜6倍、最大の年には10倍にも達する大成果をあげたのだ。

実験者のひとり、米国ペンシルヴェニア大の考古・人類学者クラーク・エリクソン博士によると、この古代農法は粘土・砂利・普通土などを5層重ねて、1本が幅4〜10メートル、長さ、10〜100メートル、高さ90センチほどの台地状に盛り上げた畑の本体と、同じ幅の運河とを交互に並べた単純なもの。肥料には運河の底に植えた緑藻類を採って使用するだけの自然農法だが、旱魃《かんばつ》や洪水にビクともせず、運河の保温効果で高地特有の寒冷害も避けられる。

現代のハイテク農業技術を上回るすばらしい自然農法が生みだす豊かな生産物をもとに、文明社会が発展していたわけだ。博士たちの計算では、この一帯の畑だけでゆ

精密な切断技術があったことを示すティワナコ遺跡の巨石ブロック

ティワナコ周辺遺跡プマプンクの巨石ブロック上に立つ筆者。この高原一帯にかつて高度の農業技術が存在していた

うに600万人の人口を支え、広大な文明帝国を維持することが可能だっただろうという。

それだけの高度農業技術がその後どのような原因で失われ、貧弱な原始的農耕に退化してしまったのか、その解明は今後の課題だが、さしあたって私たちに託されたもっとも急を要する別の課題がある。この失われたオーパーツ――再発見された過去の遺産をどう未来に役立てるかという問題である。

この農法は化学肥料と機械などいっさい不要で、資金も少なくてすみ、いるのは人手だけ。反面、生産性は抜群で、自然災害にきわめて強く、荒地や寒冷地にも向いている。

その意味でこの古代世界の技術は、現代文明を悩ます環境破壊を防ぎながら食糧危機を解決する画期的可能性をはらんだ、まさに未来世界の技術でもあるのだ。

vol.
14

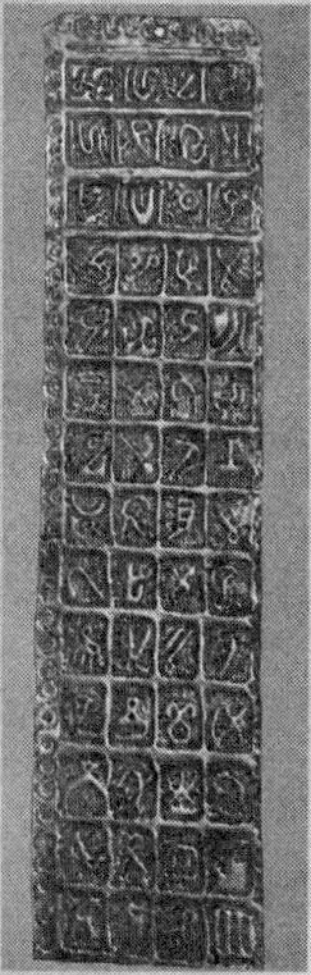

黄金に刻まれた文字

エクアドル・クエンカ

起源不明・解読不能の謎の銘板

エクアドル南部はクエンカのマリア・アウグシリアドラ教会のすぐ脇に、〝クレスピ神父博物館〟という風変わりな博物館がある。

博物館といっても実体は粗末な掘っ立て小屋同然のあばら屋で、中に雑然と並べられ積み上げられた大量の収蔵物も、正統的な考古学界からはインチキ骨董品と無視されるものばかりだ。

それも当然で、所有者のクレスピ神父は考古学にはシロウトだし、収蔵品は付近の原住民がジャングル内や地下の〝古代遺跡〟で見つけたと称して持ちこんできた出所不明の工芸物で、稚拙な偽造品とすぐわかるものもたくさんある。それでも買い上げるのは、神父の目的がじつは収集よりも貧民の救済にあるからだ。

だが、そのなかにこれだけは本物といえる工芸品が、少なくとも50点以上はある。記号や文字、人物や動物の絵が刻みこまれた銘板や飾り板だが、すべてまぎれもない黄金製なのだ。

盗難の危険を避けるため、主要なものは銀行に保管され、博物館にはレプリカが展示されている。

代表的な1枚は、記号と文字だけが56個のマス目に整然と浮彫りされた高さ約50センチ、幅13センチの分厚い見事なつくりの純金製銘板だ。

周知のように定説では、南米古代文化には、最後まで〝車輪〟と〝文字〟の二大文化要素が欠けていたとされる。

この銘板の文字も、古代中東に北方セム語系祖語らしいと指摘される数文字をのぞき、あとは起源不明で解読もできない。銘板自体も南米はおろか、世界のどの古代文

明にも類似の見当たらぬ工芸品である。

クレスピ神父自身は、世界中の古代文明のさらに以前までさかのぼる共通起源の高度文明――アトランティスの実在論者で、ジャングルのどこかにその前線植民地の遺跡が現在も眠っていて、この銘板もそこから持ち出されたものだと確信している。

だとすれば、この不思議な文字や記号は、今ではもう誰も読めなくなった〝アトランティス文字〟なのだろうか。

vol.
15

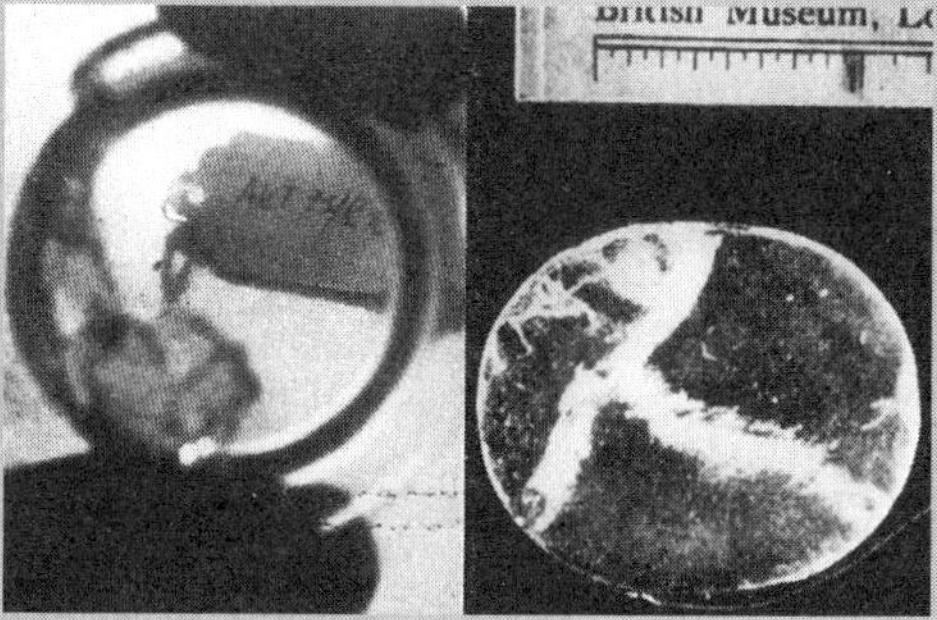

古代の光学レンズ

イラク・エネヴァ

水晶レンズは古代世界に実在していた⁉

19世紀中葉にイギリスの考古学者ヘンリー・レヤードが、現イラク国内で古代アッシリアの首都ニネヴェの宮殿遺跡を発掘中、偶然に1個の透明な水晶製レンズを発見した。

シュメールを最初とする古代メソポタミア文明の大発見につながった有名な大量の楔形《きっけい》文字粘土板文書とともに、この水晶レンズは大英博物館に持ち帰られ、現在もそこに金色の取っ手をつけられて陳列されている。

直径約4・3センチ、片側が球面、片側が平面のいわゆる平凸レンズで、倍率は約4倍程度。材質はロッククリスタルで、出土した遺跡の推定年代はBC721年から705年。サイズも形も望遠鏡や顕微鏡にちょうど手頃で、現代のガラス製拡大鏡とまったく変わりない。

写真でもわかるように、現在は表面にひび割れが入っているので不透明な部分もあるが、製作当時は完全な透明レンズだったにちがいない。

ほかにもエジプト・サッカラの古代王家の墳墓から、それに劣らず見事な水晶製凸

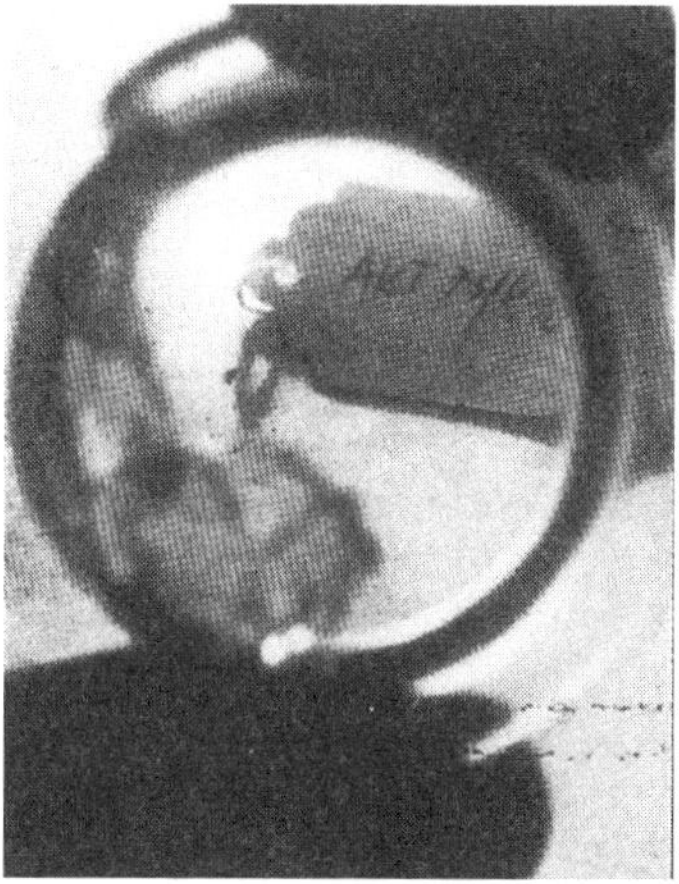

小アジア・エフェソスから出土した精巧なつくりの凹レンズ

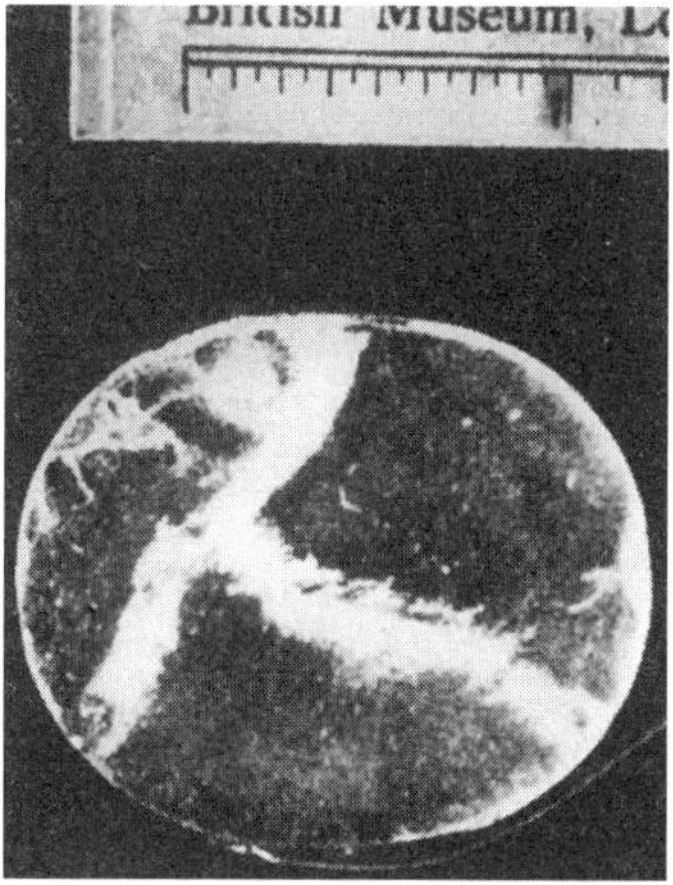

ニネヴァ宮殿遺跡から出土した水晶レンズ

レンズが発掘され、やはり大英博物館に所蔵されているし、BC11世紀以降の小アジアで古代ギリシャの植民地として繁栄したエフェソス遺跡からは、精巧なつくりの凹レンズが出土、こちらは現在トルコのアンカラ国立博物館に展示されている。

ほかにも紀元前20世紀にさかのぼるギリシャのクレタ島遺跡から、水晶レンズが発掘されている。

私たちの文明では、光学レンズの原理は12世紀前後から考えられはじめたが、実際にレンズを発明したのはオランダの職人で、顕微鏡が登場したのは16世紀末、望遠鏡は17世紀初頭のことである。

しかし、古代のメソポタミアやエジプト、ギリシャにレンズが存在していたとすれば、これらの地方で精密な天文観測に基づく占星術が盛んだったという学者も認める歴史的事実にも、すっきり説明がつく。裸眼視だけでどうしてそんな精密観察ができたのか、という当然の疑問が氷解するからである。

たとえば、BC18世紀頃のバビロニア人神官は〝金星の角《つの》〟について知っていた。金星は地球より太陽に近いため月のように満ち欠け現象があり、それを〝角〟と称したのだが、肉眼ではそこまで見えるはずがない。また木星の四大衛星の存在も知っていたが、私たちの歴史でこれらの大衛星を発見したのは、17世紀イタリアの天文学者ガリレオなのである。

一方、ドイツの生物学者クラウス・ハウスマン博士らの報告によれば、古代ギリシャ人は顕微鏡なしでは絶対に見えない〝原生動物の毛胞〟（攻撃・防御用の袋状細胞器官）の存在を知っていた。当時から伝わる断片的なギリシャ語写本逸文《いつぶん》のなかに、〝始動動物《プロティストイ》の毛袋《トリコキスティス》〟の闘争機能に関する学者2人の対話が記されていたからだ。

ところが、私たちの生物学では、この器官が顕微鏡のおかげでやっと発見されたのは18世紀後半なのである。

もう一例、ニネヴェで発掘されたバビロニア時代の粘土板文書のなかに、えらく風変わりなちっぽけな破片がある。日本の十円銅貨ぐらいの表面に、肉眼ではほとんど見えないほどの微細な楔形文字が１４４語も、30行にわたってびっしり刻みこまれているのだ。

考古学者は説明に窮し、バビロニアの書記は中空のアシの茎を覗きながら書いたのだろうとしている。たしかにこの方法もいくらかは観察の手助けになるし、ずっと後世のローマ人やアメリカ・インディアンが中空のサトウキビの茎で星空を見た、という実例もある。

だが、水晶レンズは古代世界に実在していたまぎれもない物的証拠として発見されたのだ。したがって、同時代同地方にそれを使った顕微鏡や望遠鏡が存在していたと仮定するほうが、ずっと理にかなっている。

おそらくバビロニアの書記は、水晶レンズの拡大鏡を覗きながら粘土板にこつこつと文字を刻んだのだろう。何の目的でわざわざそんなことをしたのかはわからないが、ひょっとして何かの極秘文書でもあったのだろうか。

vol.
16

モアイ像に隠された秘密

イースター島

モアイとの再会

もうかなり以前のことになるが、東京で、〈謎のイースター島巨石像展〉というのが開催されたことがある。

その数年前にあの文字通りの絶海の孤島（イースター島いちばんの高所に立っていくら見回しても、島影ひとつ見えなかったのを今もまざまざと記憶している）で出会った〝ポリネシアのお地蔵さん〟たちに、よもやこんな形で再会できようとは夢にも思っていなかった私は、見上げるようなモアイの前に立って感慨ひとしおだった。

それにしても、この催しのおかげでいまさらながら実感できたのは、この巨体を擁するモアイの運搬の難しさである。

この会場に飾られていた2体は全身像と顔面像だが、前者は高さ3・74メートル、重量8トン、後者は高さ2・60メートル、重量6トンと資料にはある（ほかに〝最古のモアイ〟として高さ60センチ、重量100キロの小さく素朴な石像も展示されているが、これはサイズの点で比較にならない）。

だが、約1000体あるといわれるモアイの多くは、重量で15トンから30トンはあり、最大のものはなんと高さ20メートル以上、重量で90トンにも達する。

写真でおなじみのモアイの頭に載ったあの赤い〝帽子岩（プカオ）〟、あれですら最大のものは10トンになる。だから、はるばる日本に運ばれてきた2体は、モアイのなかではいちばん小ぶりの部類に属するのだ。

石像を運んだのは誰だ

このようなモアイの運搬技術はやはり謎である。その意味でモアイはやはりオーパーツなのだ。会場では〝仮説〟と断りながらも、これらのモアイを古代イースター島人がどうやって石切り場から切り出し、運搬し、押し立てたか、その考えられる方法をイラストで説明していた。

それを見ると、運搬には日本でいう〝修羅《しゅら》〟（巨木の二股の枝分かれ部分を利用してつくった運搬台）様の運搬具を使い、ロープでひっぱって運んでいる。なるほどこの説明は、日本のように各種の巨木に恵まれ、麻縄などのロープを利用できた自然環境なら（石の重さにもよりけりだが）成り立つだろう。

だが、イースター島には現在こそ巨大なユーカリが生えているが、これはヨーロッ

島の東側ラノララク火口の石切り場近くの斜面に乱立するモアイ群

胴体の下部は地中に埋まっている。最盛期のものらしく、同じ鋳型でつくったかのようだ

イースター島発見当時はすべてのモアイがこんなふうにうつぶせに倒されていた

イースター島には1000体近いモアイがそそり立っている。これは伝説の王ホツマツアが上陸したという島の北側、アナケナの浜に立つモアイ

パ人の入植者が18世紀以降に持ちこんだもので、それ以前にはなんの種類の巨木も産出しなかった。

というより、元来この島に木というものが生えていたという生物学上の証拠はまったくない。〝修羅〟などつくりようがないのである。またロープ用植物としては、火口湖に生えているアシしかないが、このアシではとても重量物をひっぱれるだけの強いロープはつくれないのだ。

1956年にこの島を訪れたノルウェーの人類学者トール・ヘイエルダールは、運搬問題を解決するために、原住民をやとって証明実験を試みた。この実験では、12人の原住民が18日がかりで、材木とロープだけで1個のモアイを運んだ。それは今でも記念物として、現場のアナケナ海岸に誇らしげに立っている。

だが、実際に現場を調べてみると、運んだモアイは10トンちょっとの小型で、運んだ距離もたった90メートル、しかも同島ではいちばん平坦な砂地の上だった。材木とロープも輸入品だし、モアイを立てる最後の段階では頭部に傷さえつけてしまった。

ところが、現実にはもっと重いモアイが、高さ100メートル以上の断崖から切り出されて降ろされ、高低の多い山地の平均6、7キロもの長距離を、傷跡ひとつつけずに運搬されたのだ。石塊が運ばれてから刻まれたのでないことは、ラノララク火山

ヘイエルダールは、モアイ運搬の謎を解くため、現地
イースター島でその証明実験を行なった

ヘイエルダールが証明実験で立てたモアイは、いちばん
小さい粗末な部類のモアイだった

の石切り場とその付近の完成品や完成まぢかのモアイが裏づけてくれる。ヘイエルダールの実験が、実情に即した真の科学的証明実験とはとてもいえないことが、これでおわかりになるだろう。

とすると、古代イースター島人はいったいどんな手段で、重いモアイたちを運搬したのか。この島程度のなだらかな起伏の山地なら、たぶん現代の強力な重量物運搬技術をもってすれば、モアイぐらいの重量物を運ぶのはそれほど困難ではない。ただし、それは大規模なクレーンなどの機械装置や鋼鉄製の補助構造物や動力源があっての話である。

だから、モアイの存在は、たんなる木材とロープ（それすらこの島にはなかったのだが）以上の未知の高度技術が存在したことを暗示している、と私には思えてならないのである。

インダス文明との奇妙な一致

同じことはイースター島の最大の謎のひとつ、コハウ・ロンゴロンゴ（ものいう木）に彫りつけられた未解読の絵文字についてもいえる。

ロンゴロンゴ（ものいう木）。未解読文字が刻まれている

こんな絶海のちっぽけな孤島の原始文化（もし学者のいうとおりなら）に文字システムが存在したことだけでも驚異だが、それ以上に不可解なのは、この島にはこれだけの文字システムを生み出すだけの都市文明が栄えていた形跡がまったくないことだ。とすればこの文字の起源は、どこかの古代文明の文化的背景に求めなければ説明がつかない。その意味で暗示的なのは、このロンゴロンゴ文字が遠く太平洋とインド洋を隔てたインド亜大陸の古代インダス文字と酷似している事実である。

ＢＣ３０００年紀にインダス河流域（現在のパキスタンのモヘンジョダロとハラッパー地方）に栄えたインダス文明は、その土器や印章上に多くの絵文字を残した。現在まで３９６種発見されているが、同時代の他の文字との類似性がほとんどなく、いまだに解読されていない。しかし、1行目は右から記し、2行目は左から逆戻りするいわゆるブストロフェドン（牛の耕耘《こううん》）式であったことまではわかっている。

ところが、そのインダス文字の多くがロンゴロンゴ文字のそれと、びっくりするほどそっくりなのだ。

発見者のハンガリーの言語学者ヴィルヘルム・フォン・ヘヴェシーは、一致ないし類似する文字が約４００字のロンゴロンゴ中１７４個もあることを指摘した。どれほど似ているものかは、左ページに示した代表的な48文字を見れば一目瞭然だ。加えて、

インダス文字とロンゴロンゴ文字との比較（偶数番号の列がロンゴロンゴ）

ロンゴロンゴ文字も、やはり書き方はブストロフェドン式なのである。

ところが、これだけ一致しても、頭のカタい一部の学者は〝偶然の一致〟で説明しようとする。説明不能の現象を〝偶然〟で片づけるのはよくあることだが、それこそ卑怯で非科学的というものではないか。この場合、学者が否定する最大の理由は、インダス文明とモアイ文化との一見歴然たる時代差である。かたやBC3000年紀の半ばから1000年間の文明なのに、かたやせいぜいAD10世紀以後が最盛期、というのでは比較にならない。

この3000年近い時間的懸隔《けんかく》に加えて、2万キロ以上という距離（それも大部分が海洋の）がある。その途中になんの伝播《でんぱ》経路も発見されていないことも、否定論の根拠になっている。

しかし、問題はむしろその年代測定の正確さにあるのだ。インダス文明の年代は地層や比較古代文化の角度から決定されているので、さほど誤差は考えられないにしても、モアイ文化のほうは何しろ孤絶した文化なので、ほとんど決め手は例の放射性炭素（C14）法だけになる。最近の測定結果では、AD4世紀にはすでに人が住んでいたというが、それでもインダス文明とは2000年の開きがある。

核戦争の可能性

だが、はたしてC14法はそれほど絶対的な信頼をおけるのか。

この方法は手続きこそ複雑だが、原理は簡単で、約5730年（5568年説もある）の半減期をもつこの短寿命の放射性炭素が、ふつうの炭素とともに化合物として動植物の体内を出入りしている循環現象を利用する。生物が死ぬと、新たなC14の補給が停止し、体内のC14は放射線を出しながら窒素に変換していく。その減少率が一定なので、放射線量を測定して国際基準に照合すれば、年代を決定できる。

この方法の大前提は、地球上どこでもいつの時代でも、C14の天然存在量（大気上層の窒素と宇宙線から生じた中性子が核反応を起こしてつくられる）が一定、という点にある。核反応がいつも天然と決まっているなら、それもいいだろう。

だが、もし過去のいつかに人工の核反応があったとしたら、とたんにこの大前提は成り立たなくなる。核実験や核戦争、いや、原子力推進の飛行物体（異星の宇宙船であれ、われわれの知らない先史文明のそれであれ）が発着するだけでも、局所的にか、あるいは全地球的規模で、一時的にC14の量が増加するからだ。

かりにイースター島がそのような人工核反応の洗礼を受けたとすれば、そこに存在するC14の量は飛躍的に増大したはずで、測定結果は当然、真実の年代よりはるかに新しい年代を示すことになる。

実際に行ってみて気がついたが、この島にはやたらにガラス質の黒い溶岩、黒曜石が転がっており、とくに島の西南部付近の一画では、1キロ近くにわたって地上を覆っていた。もともと死火山島なのだから当然ともいえるが、水分が異常に少ない特徴からみて、溶岩が高熱にさらされてガラス化したと考えられぬこともない。

一方、インドのほうは、もっとはっきり核爆発を暗示する記録がある。有名な古代民族叙事詩『マハーバーラタ』（成立はBC4世紀以降だが、数千年昔からの神話伝承をまとめたサンスクリット語文献）に、核戦争の迫真的な描写としか考えられぬ記述が含まれているのだ。

ここでは詳述する余裕がないが、〝ヴィマナ〟と呼ばれる空中車から放たれる兵器が、キノコ雲、死の灰、超高熱、衝撃波、放射能汚染そのままの光景を現出させるくだりは、この大叙事詩がヨーロッパに紹介された19世紀当時には、自然の猛威の空想的な誇張表現と見なされた。当時としてはそれ以外に理解のしようがなかったのである。

しかし、原子力の概念が登場した今世紀初頭、英国の物理化学者フレデリック・ソディが初めて核爆発の描写の可能性を指摘し、さらに原爆が発明されてからは、にわかに現実性をおびてきた。古代サンスクリット文献に造詣の深かった〝原爆の父〟オッペンハイマー博士も、そのことに気づいていたといわれる。

実際、この大叙事詩の主舞台とされるガンジス河上流付近や南方デカン高原には、火事や噴火より強烈な高熱で溶け崩れたような無数の廃墟が発見され、一部の人骨に含まれる放射能は通常の50倍もあったと報告されている。

一説にはモヘンジョダロとハラッパーの人骨にも放射能が多かったというし、インダス文明の遺跡の下、先行文化の最後の地層はなぜか熱い焦土で覆われ、徹底的に破壊されている。

〝赤い眼〟をした外来者

私がロンゴロンゴ文字とインダス文字との類似性にこれほどこだわる理由は、もうひとつある。

地球儀で調べていただければすぐわかるように、両文明の位置はなぜか地球上のまったく正確な対蹠点《アンチポード》（正反対の位置）にあることだ。これもたんなる偶然にすぎないのだろうか。イースター島人が古くから自分の島を〝世界のへそ《テピト・テ・ヘヌア》〟と呼んできた事実とも無関係なのだろうか。

太古のインド亜大陸にいた未知の先史文明人が何かの理由で（たとえば、地球の地理的調査とか）、ヴィマナと後世に伝承される飛行装置を飛ばして対蹠点《たいせきてん》であるこの島を訪れた。

しかし、彼らはのちに核戦争で自滅、あるいは（異星人なら）宇宙へ撤退し、その後どちらの地点でも教化された原住民の文化が発展した、と考えては想像力の行きすぎだろうか。

モアイをつくって運んだ技術力、モアイ自体のどこか異様な風貌とそこに付された超人的性格、こうしたすべては先史文明人の遺産と記憶をかすかにとどめる証拠なのかもしれない。ちなみにインダス文明の伝説英雄の名はマヌといい、イースター島の鳥人伝説の鳥人もマヌといった。モアイもまたその眼からマナという霊力を放って、島民を守ったとされている。

そのモアイにはめられていた〝眼〟が1個だけ、ようやくアナケナ海岸で発掘された。私は発掘後まもなく現地のちっぽけな博物館で、初めてその実物を見て、とたん

最盛期につくられたものらしく、表情がととのっている

もっとも初期のモアイとされる。ひざまづいたポーズのモアイはこれだけ

島の西側のアフアキビルに立っている７体のモアイ〝７人の王子″は、例外的に西方の海に向いている。製作者たちの故郷は西の海にあったという意味か？

に不審の思いにかられた。白眼の部分は白サンゴ製だが、瞳はなぜかプカオと同じ赤色凝灰岩を円盤状に切って使っている。学者はプカオを〝赤髪〟を表わしたものという。また、モアイは実在の権力者か、文化英雄的な外来者を崇めてつくったものとする。

原住民の瞳はむろん、黒っぽい。黒い瞳にうってつけの黒曜石なら島じゅうにあるのに、彼らはわざわざ赤い石を使用した。もし外来者とすれば――赤髪のほうは地球人にもたくさんいる。しかし、〝赤い眼〟をした外来者とは、いったいどこの誰のことなのだろうか。

vol. 17

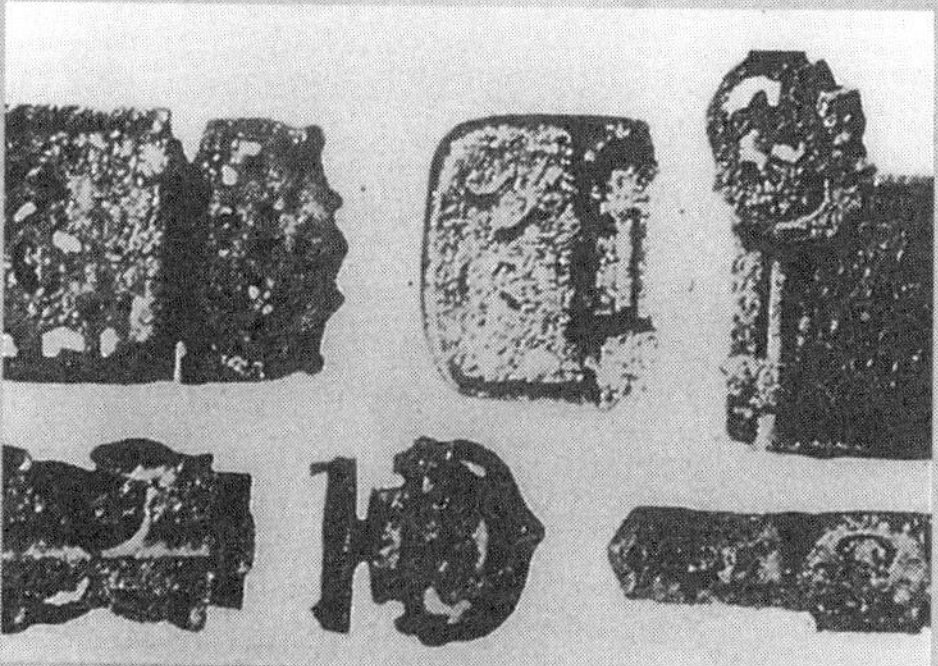

アルミニウム製帯留め

中国・江蘇省

3世紀当時にはありえなかった技術

1956年、中国江蘇《こうそ》省にある西暦3世紀・西晋《せいしん》時代の高名な将軍・周処《しゅうしょ》（265年生〜316年没）の墳墓から、1体のミイラとともに発見された20点の装身具のなかに、透かし細工の飾りをあしらった凝ったつくりの金属製帯留めがあった。

ところが、材料の金属が、当時の帯留めにふつう使われていた銀や銅ではなくアルミニウムだったので、考古学界はびっくりした。

北京の中国科学院応用物理学研究所と鋼鉄工芸学校によって調査された結果、それが合金でアルミニウム85パーセントのほか、マンガン5パーセント、銅10パーセントの組成ということが判明した。

アルミニウムは地球上では酸素、珪素《けいそ》に次いで多量にあまねく存在し、岩石や土壌の主成分となっている。したがって誰にもごく簡単に抽出できそうに思えるが、じつは自然の状態ではきわめて酸化しやすいので単体では存在できず、長石、氷晶石など種々のアルミノ珪酸塩の形になっていて、大量の電力を使わぬかぎり分離するのは不可能に近いのだ。

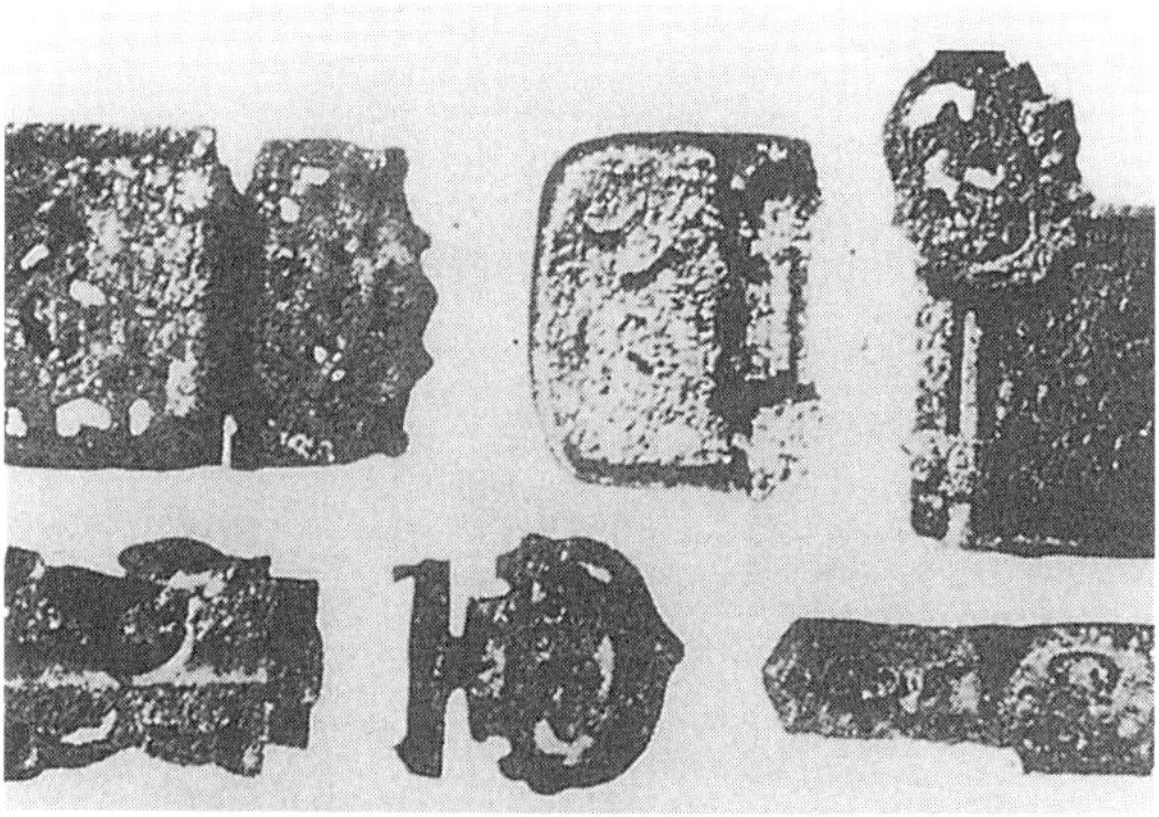

中国・晋王朝の将軍墳墓から出土した帯留め

古代エジプトでもローマでも、古代中国でも、アルミニウムと硫黄《いおう》が結合した明礬《みょうばん》が染色や製革用など多用途に用いられていたが、分離に成功したという記録はまったくない。

金属元素として発見されたのはやっと1803年、有毒な塩素ガスとカリウムを使って分離する面倒な還元法が開発されたのは1827年、電気分解による精錬法が編み出されたのはやっと1845年以降で、今では主として原鉱石ボーキサイトから非常に複雑な抽出工程を経て大量生産できるようになっている。

古代中国人は、大量の電気を要するそのような高度技術を知っていたのだろうか。それとも、現代のわれわれもまだ知らない別の方法でアルミニウムを分離できたのだろうか。

ただ、中国には古くから長命薬の発見を主目的とする錬丹《れんたん》術の伝統があり、西洋の錬金術との関係も深いという。そんな錬丹術師が電気を使わない何らかの化学的還元法を開発していた可能性もある。あるいは、どんな方法にしろこの明らかに人工的金属の抽出法を、もっと古代の何者かから一種の秘儀的錬丹術として受け継いでいた可能性も――――。しかし、古代中国のオーパーツ、アルミニウム製の帯留めは、謎を秘めたまま黙して語らない。

vol.
18

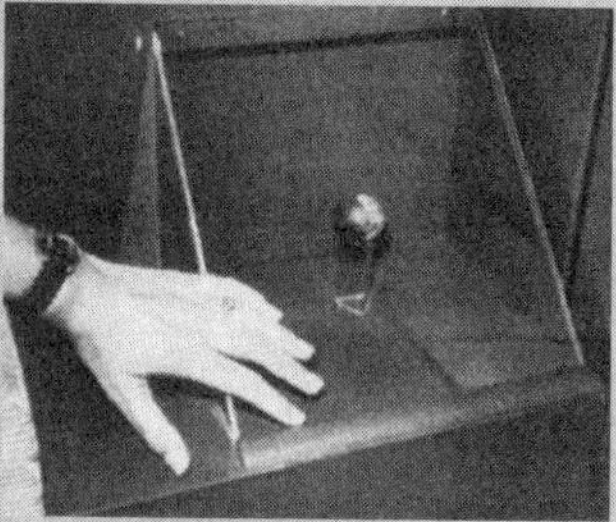

28億年前の人工金属球

南アフリカ・クラークスドルプ

28億年前の鉱脈に埋もれていた金属球

南アフリカ共和国のクラークスドルプ市博物館に、きわめて不思議な小金属球がガラスケースに収まって展示されている。

直径わずか4センチのやや偏平な球状を呈し、その赤道部分を等間隔の3本の溝線が取り巻いている。材質はまだ確認されていないが、後述のように弱磁性を帯びているので、磁鉄鉱成分が含まれているのは確かだ。

この金属球は、西トランスヴァール州オットスダール付近の、同国唯一の葉蠟石鉱《ようろうせき》山から掘り出された。

葉蠟石とは一般に蠟石《ろういし》と呼ばれる鉱石で、白っぽく軟質なので昔から石筆や彫刻材として使われ、最近では粉末にして絶縁物、耐火物、陶磁器の材料や合成ダイヤモンドの製造に利用されている。

同鉱山のマネージャーの証言では、石板や切石の形で切り出した葉蠟石中にときたま埋もれており、なかには直径が最少12ミリほどしかない金属球もあるという。また、金属球には2種類あり、一方は中空だが、他方には〝微細結晶〟が詰まっているそう

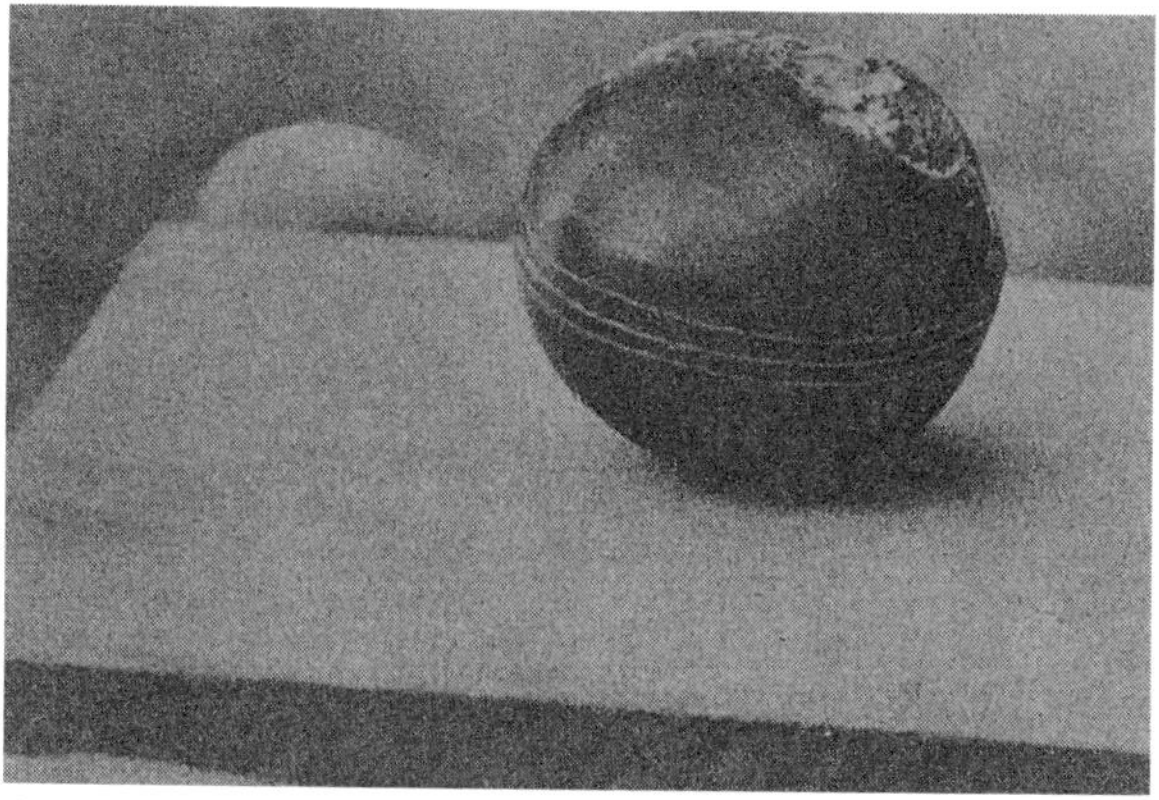

クラークスドルプ市博物館蔵〝28億年前の人工金属球〟。やや扁平な球体で、赤道部分に３本の平行溝線が彫られている

だ。

しかし、同国の地質学者たちによると、この葉蠟石鉱脈の形成年代は26億から28億年も前。生命すらまだ始原状態だったそんな大昔に、いったい誰が何の目的でこのような金属球を製造し、それがどうして葉蠟石の鉱脈中に入りこんだのだろうか？

金属球自体にも不思議な性質がいろいろある。

クラークスドルプ市博物館のレールフ・マークス館長の報告では、ガラスケース中の金属球は1年に1回転か2回転の割でごくわずかずつ、それもきまって反時計回りの方向に自転している。表面の一点に葉蠟石がこびりついたままなので、回転の事実は容易に確認できるという。

また、当地の先住民ズールー族にもこの奇怪な金属球にまつわる伝承があり、これは古代の航海者が使った方向磁石《ロードストーン》だという。

彼らの長老呪術師クレド・ムトワが語る〝種族記憶〟によると、何千年も昔、海外から当地に多数の古代民族が金銀、ダイヤ、その他の鉱石を掘りにきていたころ、ズールー族が現在でも神聖視する〝石鹼石《せっけんせき》〟(蠟石のこと)の採掘に従事した航海者たちが、感謝のしるしに自分たちの大切な品物を置いていったのだそうだ。

この長老呪術師の〝種族記憶〟は4000年前(!)までさかのぼれるそうで、大昔〝神々〟が地上にいた時代には人間も彼らと話ができ、その〝神々〟は空中機械で空を飛んでいたともいう。

こうした神話伝説には、どこかアトランティスのような超古代文明のかすかな記憶の名残りが感じられる。実際、これらの金属球には微弱ながら磁性があることまではすでに確認されている。

vol.
19

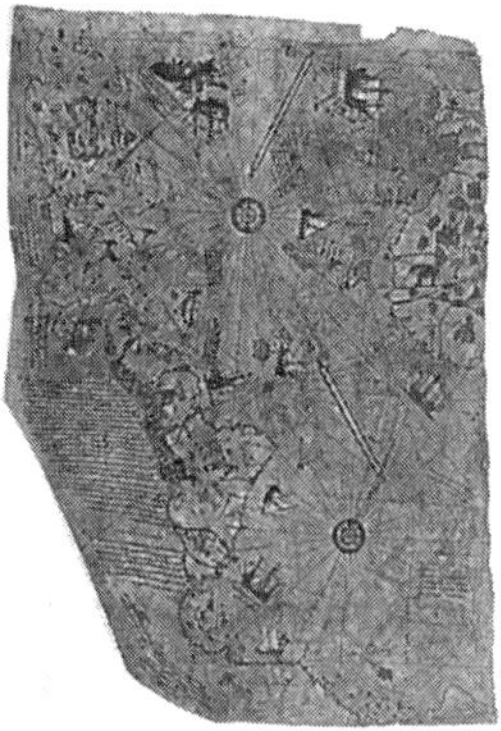

有史前世界地図

発見以前の南極大陸地図

現在の南極大陸が、北極よりもはるかに寒冷な極地として万年雪と大陸氷の下深く埋もれるようになったのは、はたしていつごろからだろうか。

不動の大地という先入観を打破して近年の地質学上の定説となりつつある〝大陸移動〟説、というよりそれを発展させたプレートテクトニクス（地殻板状構造）理論でも、南極大陸が現在の位置と形に落ち着いたのは数百万年前の新生代第四紀で、それ以降はほとんど変わっていないとされている。

それが正しければ、当時すでに地球は世界的な寒冷気候を迎え、数度におよぶ氷河期はもちろん、間氷期でもせいぜい現代程度の温かさだったというから、南極大陸は過去数百万年間ずっと氷雪に閉じこめられてきたことになるわけだ。

一方、人類はその氷河時代に温暖な地方でホモ・サピエンスへと進化を遂げ、紀元前4000年ごろに初めて文明らしい文明を開花させたことになっている。

したがって、それ以来19世紀初頭まで、人類は南極大陸の存在など知るわけもなく、また発見できるだけの航海技術ももっていなかったはずだ。ましてや、厚さ2000

メートルもの氷層下に隠された大陸本体の形状など、誰ひとり知る者はなかったはずなのである。

ところが、事実はどうやら逆なのだ。なぜなら、人類が正式に南極大陸の発見を記録するずっと以前から、この大陸を正しく記した古地図が存在しているからだ。

それが中世時代にたくさん作成されたポルトラーノ（航海地図）と呼ばれる種類の地図に属する、いわゆる〈ピリ・レイス1513年地図〉である。

ピリ・レイス地図の秘める謎

見たところ中世の稚拙な技法で描かれたこのガゼル羊皮紙製の古地図の断片は、1929年、トルコの古都イスタンブールはトプカピ旧宮殿博物館内の保管棚から、埃まみれの状態で発見された。右半分はすでに消失していたが、専門家の鑑定の結果、16世紀オスマン・トルコ帝国時代の海軍提督ピリ・イブン・ハジ・メムド（レイスは提督の意）が、1513年に作成したものと判明した。

問題は、そこに描かれた陸地である。明らかに大西洋をはさんで右側にアフリカ大陸の西端の一部、左側に南北両アメリカ大陸の東海岸線、さらによく見ると地図の下端に、南極大陸の北岸の一部の輪郭が記されている。

だが、作成当時はコロンブスの新大陸到達後20年ほどしかたっておらず、これらの海岸線の大半がまだ完全に未知だったはずなのだ。中南米は発見されたばかりで、まだろくに探検もされていなかったし、南極大陸にいたっては、発見がその3世紀後（1818年）、全地形の地図化成功が4世紀後（1920年）である。

といって海岸線は決してでたらめではなく、偶然の一致ではまったく説明できないほど正確に描かれている。その事実を最初にはっきり確認したのは、アメリカ海軍水路部の海図専門家アーリントン・マレリー大佐だった。

大佐は、第二次世界大戦中に海軍が作戦上の必要からエジプトのカイロを基点として作成した〝正距方位図法〟による世界地図が、〈ピリ・レイス地図〉に描かれた陸地の位置や形とよく似ていることに強く興味をひかれていた。この投影図法でつくられた地図は主として航空用に使われ、距離と方位は正確だが、地形は中心から離れるほど歪んでくる。そのひずみ方がそっくりなのである。

さらにマレリーは、1950年代後半、国際地球観測年以後の地震波探査で初めて得られた氷の下の真の南極大陸地形図と、この古地図の南極大陸北岸の輪郭が細部までよく一致することを突きとめて、偶然の一致ではないという確信をますます深めた。

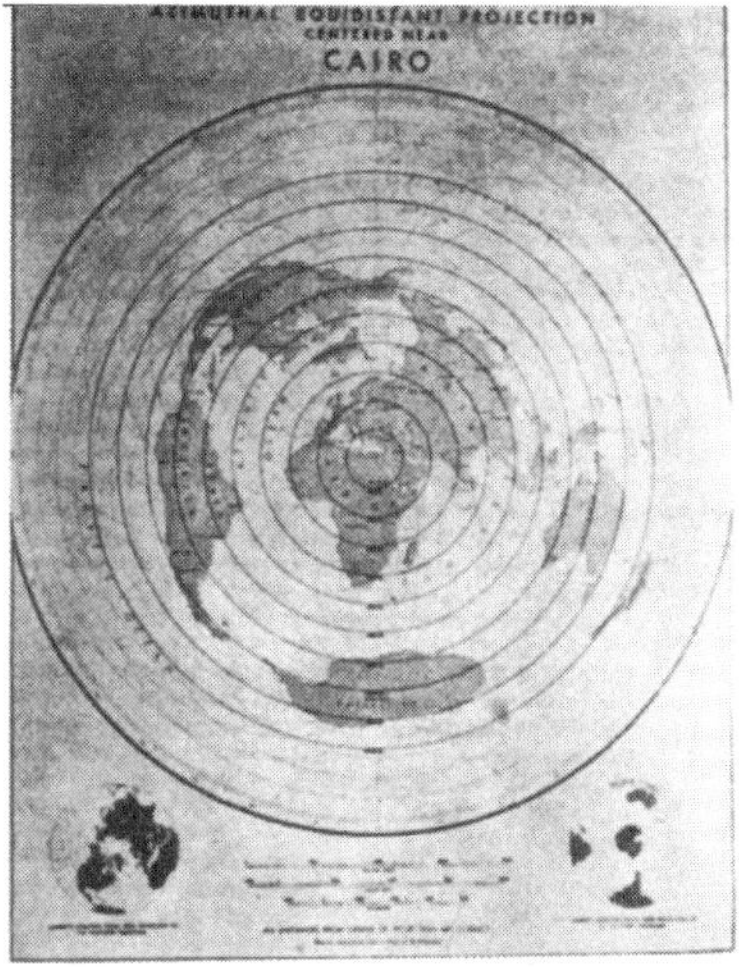

米海軍が第二次世界大戦中に作成したカイロ基点の正距方位図法による世界地図

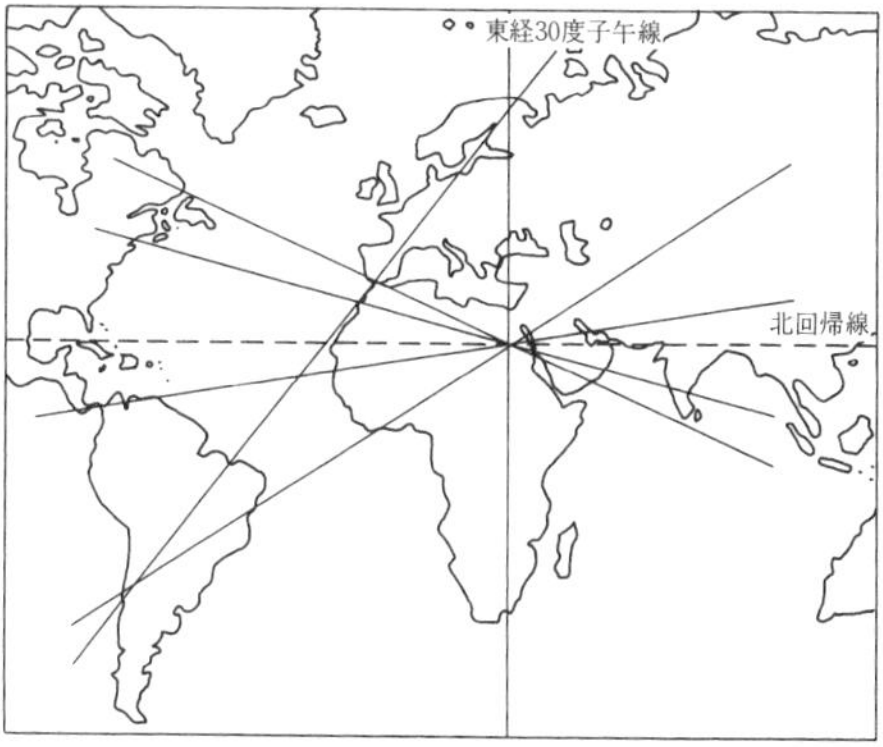

ピリ・レイス地図は東経30度線と北回帰線の交点を基点に描かれていた

これほど正確な地図を作成するには、当然地図上の各地点の緯度だけではなく、経度もきわめて正確に測定されていなければならない。

ところが、これまたピリ・レイス時代にはありえないことなのだ。天測によって南北方向の位置を決める緯度測定は古くから知られていたが、経度つまり東西方向の位置の測定はクロノメーター（経度測定用精密時計）なしには不可能で、その経度測定法が発明されるのは3世紀もあとなのである。

こうした事実は、〈ピリ・レイス地図〉の背後に、現代に匹敵する高度の科学技術とそれを可能にした超古代文明が存在していたことを暗示している。

超古代技術文明の遺産

1960年代から70年代にかけ、マレリーの先駆的研究を引き継いだ形で、〈ピリ・レイス地図〉に秘められた高度の科学技術の存在をさらに科学的に証明してみせたのは、すでに〝恐竜土偶〟の項でも登場したアメリカの地質学者、チャールズ・ハプグッド教授（当時ニューハンプシャー州キーン州立大、のちマサチューセッツ大）である。

彼はたんに形状が類似するというだけでは満足せず、この古地図上の各地点相互間の距離と、現代の精密な世界地図上の同一地点のそれとのズレの程度を綿密に調べあげ、そこに一定の規則性を見つけだすことから出発して、次のいくつかの点を見事に立証した。

第一に、〈ピリ・レイス地図〉はもっと正確に描かれた複数の部分地図を下敷きにして作成されたこと。これはたとえば南極海岸線に同じ地形の不自然な重複や、逆に明らかな欠落部分が見られることから推測され、また、左隅に記入された凡例《はんれい》（地図解説）の個所に、「ギリシャのアレクサンドロス大王時代（BC4世紀）から伝わる20枚の地図を参考にした」とあることとも一致する。

第二に、失われた部分も含めた地図の全体は、おそらくエジプトのアレクサンドリアを通る東経30度線と北回帰線（現在は北緯23度27分。ただし古代ではもっと北寄りだったらしい）との交点を基点として描かれたこと。これは大西洋上に記入されたこの時代独特の大小5個の地図符号（放射状円輪）の位置と、その並び方から割り出された。

第三に、とりわけ中米付近の海岸線と島々の輪郭に見られるひずみの激しさは、その部分に使われた原地図が球面三角法（地表の精密測量に必要な高等数学）に基づいて作成されていたことを暗示すること。マレリーが指摘したように〝正距《せいきょ》方位図法〟地図のように見えるのもそれなら当然で、球面三角法の知識なしには、この図法は成り立たないからだ。つまり、何者であれ原地図の作成者は、地球が平面ではなく球形であることを知っていたことになる。

その原地図がアレクサンドロス大王時代にさかのぼるというのも、きわめて示唆に富んでいる。周知のように同大王の時代には、もちろん地球は平面だと信じられていたし、南極大陸の存在などはまったく知られていなかった。とすると原地図の起源は、ギリシャより以前の、しかももっと高度の技術文明に求めなければならない。

ハプグッドはここで、こうした原地図に相当するものはおそらく、当時古代世界の〝東方の大学〟とうたわれた〝アレクサンドリア大図書館〟に保存されていたのだろうと推測している。

アレクサンドリア図書館は、ギリシャ・マケドニアのアレクサンドロス大王がBC332年にエジプトを征服して、ナイル河口デルタ地帯の西端に建設した首都アレクサンドリアにあった史上有名な大図書館である。この都市は以来5世紀にわたって古代最大の文化中心地として栄え、ギリシャはもちろん当時の全中東世界からあらゆる学者研究者がこの図書館に集結して、勉学に励んだ。

その蔵書は天文、地理、数学から文学、哲学、神学まであらゆる分野にわたり、最盛期には70万巻もの所蔵数を誇ったというが、やがてギリシャの勢力が衰退すると、西暦4世紀にはキリスト教徒に、ついで7世紀にはイスラム教徒に〝邪教の産物〟として徹底的に破壊され、とうとう地上から跡形もなく消し去られてしまったのである。〈ピリ・レイス地図〉の原地図の類いをはじめ、古代高度技術文明の貴重な遺産も、そのときほとんど失われたものと考えていいだろう。

ほかにもあった古代の南極地図

しかし、発見以前の〝南極大陸〟を描いた古地図は、じつは〈ピリ・レイス地図〉だけではない。ほかにもほぼ同時代、14世紀から16世紀にかけてのルネッサンス時代に作成された同種のポルトラーノに、たくさん見つかっている。もともとルネッサンスはギリシャ・ローマの古代文化を理想とした復興運動であり、それらの不可解な地図の原典もまた、ギリシャ時代からの埋もれた文化遺産だった可能性が大いにあるといえるだろう。

もっとも代表的な例は、〈オロンテウス・フィネウス1531年地図〉だ。フランスの数学者・地理学者オロンス・フィネがラテン語名義で作成したもので、驚くべきことに、まさに地球の自転軸南端に横たわる〝南極大陸〟の全形が描かれている。

しかも、その海岸線の輪郭だけでなく、南極点の位置、周縁部の山岳と河川、湾内の小島（たとえばロス海内の）の存在までが、最高の科学技術を駆使して確認された現代の南極地図とよく合致するのだ。

〈オロンテウス・フィネウス地図〉にはラテン語で〝テラ・アウストラリス（南方の大地）〟とあるが、これは当時やはり未知だったオーストラリア（17世紀に発見後、同じ意味から命名された）のことではない。

同地図全体の残り半分にちゃんと北極と北半球の大部分が描かれている事実からも、フィネは〝南極大陸〟を明確に意識して作成したのである。南極点を取り囲む円には、位置はまったく現在の南極圏とは異なるが、わざわざ〝南極圏〟とラテン語で記入させしているのだ。

ハプグッドはこの古地図にも〈ピリ・レイス地図〉と同様の綿密な解析を加えた結果、やはり複数の部分地図から合成されたもので、ただその合成作業の際、当時の幼稚な地図作成技術のために南極大陸の大きさを実際より距離で2倍、面積で4倍大きく記入してしまったことを突きとめた。

また、〝南極圏〟なる円内には地勢的特徴がまったく無記入であることから、原地

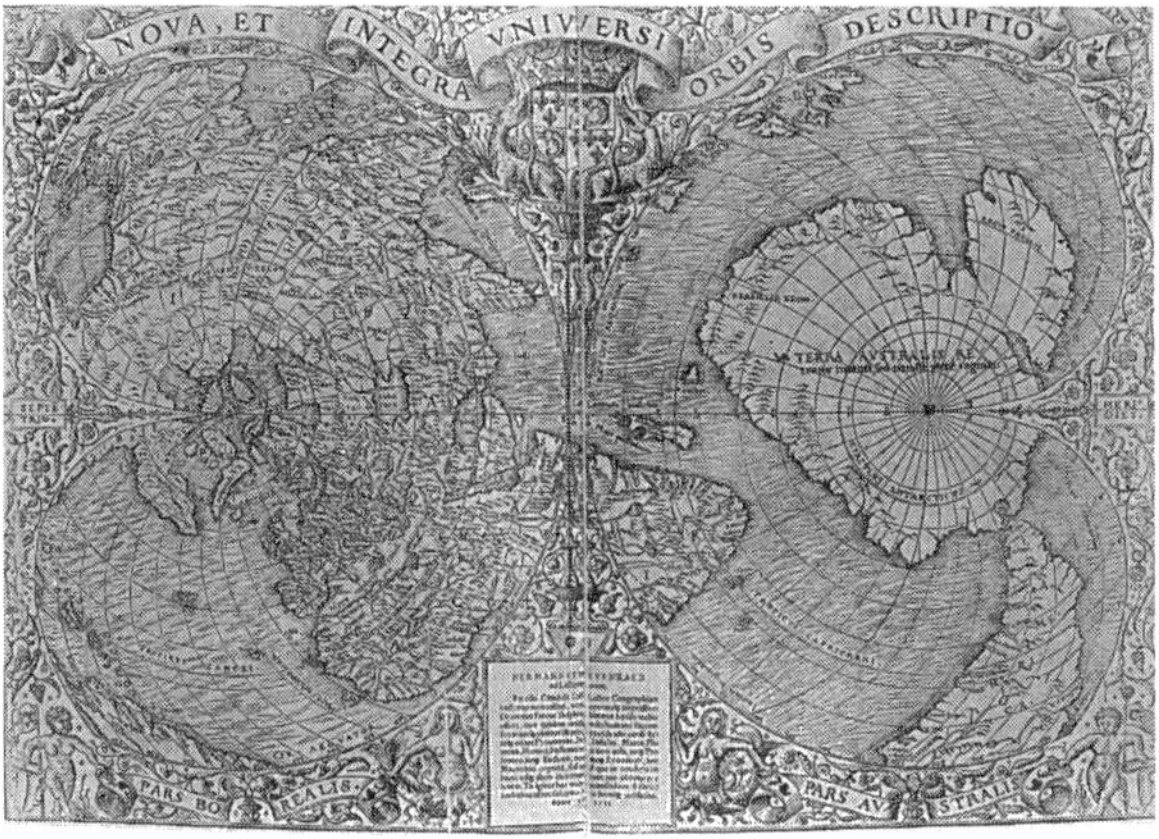

オロンテウス・フィネウス1531年地図。右側中央に“南極大陸”が大きく描かれ、中央部分に“南極圏”と記入されている

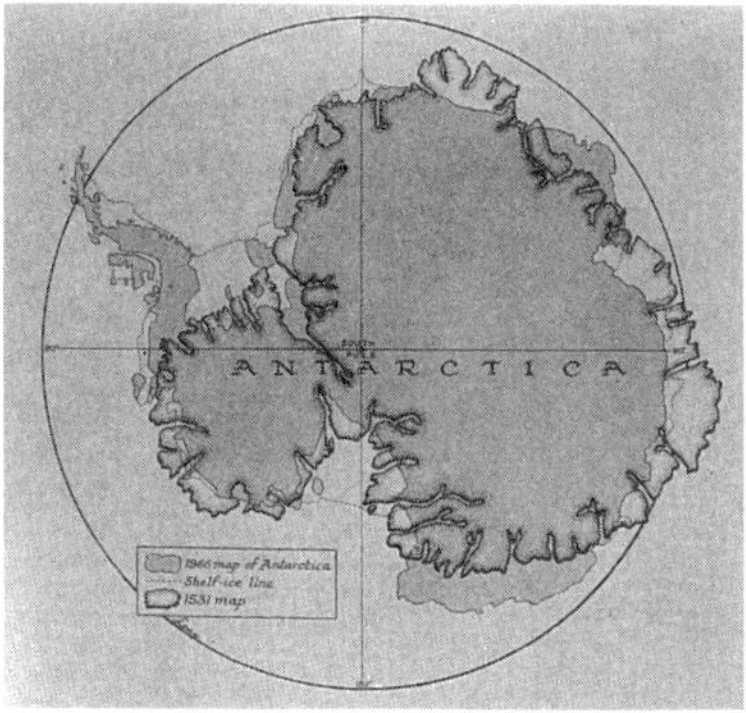

オロンテウス・フィネウス地図と現代の地図との“南極”比較図。いずれも極点基点の正距図法。両者がよく似ていることがわかる

図がつくられたはるか太古の時代、すでにそこは氷河に覆われていたのではないかとも憶測している。

このほか、〝メルカトール図法〟で有名な近代地図作成技術の創始者とされるフランスの地理学者ジェラール・メルカトールが残した〈1538年世界地図〉にも、全体の形だけでほとんど白地図同然ながら、フィネのものに形も大きさもよく似た、当時誰ひとり知る者のあるはずのない〝南極大陸〟が、ちゃんとその位置に記入されている。

さらに時代は下るが、それでも発見より1世紀以前に、やはりフランスの地理学者フィリップ・ブアシュが作成したその名もズバリ、〝南極大陸図〟には、もっと驚くべき特徴が示されている。

そこでは陸地が海峡で大小二つの部分に両断されていて、ちょうど現代の学者が、もし南極の氷がすべて溶けてその分水位が上昇したらこうなるはず、と推測する南極大陸の地形と、あまりにも似ているのだ。ブアシュがそこに〝氷河海〟と記入しているのもじつに意味深いといえる。

彼がどんな資料に基づいて同時代人にはまったく未知だったはずの南極大陸の正しい姿を地図化できたのか、今となっては知るよしもないが、どうやらピリ提督やフィ

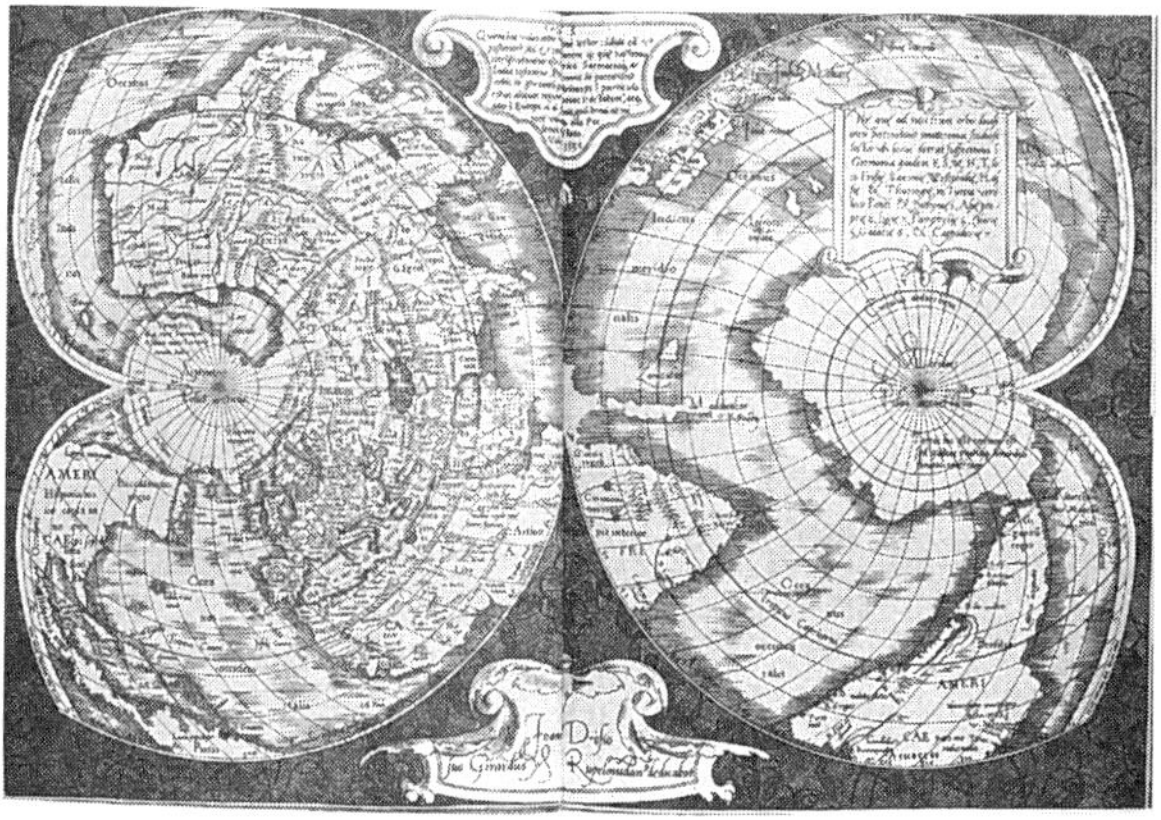

ジェラール・メルカトール作成の“1538年世界地図”にも未発見の南極大陸の白地図が記されている

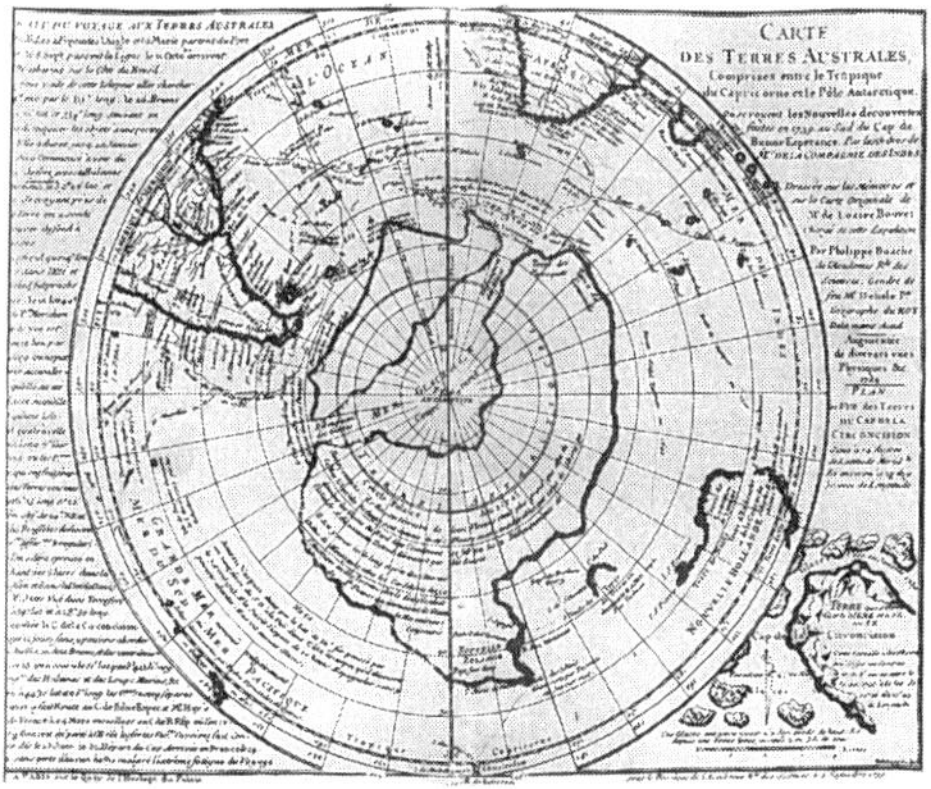

発見1世紀前にフランスの地理学者フィリップ・ブアシュが作成した“南極大陸図”

ネ、メルカトールとはまた異なる原地図を下敷きに利用したのはたしかだろう。

太古、南極は温暖だった?

以上のような古地図のオーパーツの存在から、導かれる結論はこうである。

これらの〝未発見南極大陸地図〟の下敷きにされた、もっと正確な複数の原地図(それ自体がさらにもっと精密な原々地図の模写物だった可能性もあるが)は、少なくとも遠く紀元前の古代ギリシャ文明時代から伝えられてきたものであること。

しかし、南極大陸の存在はギリシャ時代にはまったく知られていなかったし、原地図作成に必要な高度の科学技術もなかったから、原地図の真の起源は、さらにもっと太古の高度技術文明にまでさかのぼらなければならない。

ハプグッドはこの古地図研究をまとめた『古代海王の地図』(1979年改訂版)のなかで、その謎の超古代文明が「失われた伝説のアトランティスだった可能性も大いにある」と指摘する。

そして、かりにその文明が現代ほどの科学技術水準に達していなくても、当時の南極大陸が温暖な気候で氷に覆われていなかったとすれば、航海術や測量技術のレベルしだいでは、同大陸を発見して実地調査で地図を作成できただろうとしている。

もちろんその場合、現代地質学の主流を占める斉一《せいいつ》説（地質変化はつねに現在と同じゆっくりとしたプロセスで起こる）ではなく、激変説（地軸や地殻の変動によって周期的激変が発生する）を正しいとしなければならない。そんな激変のために南極大陸はこれまで何度も位置がズレて（正確には南極でなくなって）、温帯かそれ以上の高温気候帯に入り、氷層が消滅したというわけだ。

実際、氷河期に入ってからの過去100万年間だけでも、南極大陸がときどき暖かくなった時期があるという証拠も見つかっている。

1950年代初め、ワシントンのカーネギー研究所の核物理学者W・D・ユーリー博士が、有名なバード南極探検隊がロス海海底から採取したコアサンプル（沈澱物の円筒状標本）の絶対年代を、イオニウム年代測定にかけて調べた結果、南極大陸上から氷が消えた（少なくとも周辺部からは）ことが、3度ないし4度以上あることを突きとめたのだ。

いずれも第四紀更新世（洪積世）以後に起きたもので、いちばん最近の温暖期間は2万数千年前から6000年前までと出たのである。

この測定結果は当時の地質学界を仰天させたが、けっきょく従来の定説とまったく矛盾するという理由から、事実上いまだに無視されたままになっている。

しかし、ハプグッドたちの主張が正しければ、おそらく南極大陸に到達した超古代文明人たちは、当然その地図を作成しただけで満足はしなかっただろう。そこに何らかの経済的な価値を見出して、たとえば資源開発の目的で植民地を建設したかもしれない。

現在の厚い氷層の下にそんな太古の知られざる遺跡の類いが今なお眠っているとしたら、近い将来かならずそれが白日のもとにさらされて、地球人類文明のあらゆる歴史を書き換えることになるだろう。

〈ピリ・レイス地図〉をはじめとする古地図のオーパーツには――いや、それをいうなら本書で紹介したすべてのオーパーツには、それだけの大きな可能性が秘められているのである。

オーパーツを求めて
――あとがき――

私がオーパーツの放つ不思議な魅力に惹かれるようになったのは、数十年前、中米の小国コスタリカで完璧な真球に限りなく近く成形された巨大な石球群に出くわしたときからだ。

当時そんな人工の大石球のあることなど日本ではまったく知られていなかったし、私自身もそれまではわずかな関連資料でただ1枚のモノクロ写真を見ていただけだったので、現実に巨大で精巧なつくりの実物を目の前にし、手でさわって確かめることができたときの感動は、まさに筆舌に尽くしがたいものがあった。

以来、機会のあるごとに直接オーパーツをこの目で確かめようと世界のあちこちに出かけ、それがかなわぬ場合にも可能なかぎり関連資料を集めつづけてきた。その結果の一部をまとめたものが本書である。

一部というのは、もちろん本書で取り上げたものがオーパーツのすべてというわけではないからだ。

まえがきでも書いたが、オーパーツという言葉自体がまだ辞書にもないように、〝オーパーツ学〟と呼べるほどの体系化された研究もまだ存在しない。したがって本書でも、主として個々のオーパーツの検証に力点を置き、体系的な考察は次の機会を待つことにした。

それでもオーパーツのひとつひとつが充分に魅力的であることは知っていただけると信じている。

しかし、本書で紹介しなかったオーパーツも、まだまだたくさんある。その多くは、いずれもっと総合的角度から取り上げたいもの、別の角度から取り上げたいもの、資料不足のもの、今では所在がはっきりしないものなどである。

たとえば、エジプトのギザ三大ピラミッド、ペルーのナスカ地上図形、メキシコのテオティワカン・ピラミッドなどスケール雄大なオーパーツは、本書末尾で紹介した〝有史前世界地図〟に続くような意味で、より地球的あるいは宇宙的な視点からの分析と検証が必要であり、〝オーパーツ学〟体系化のキーポイントともなる可能性を秘めている。

できれば取り上げたかったが、そうなるとゆうにもう1冊分ぐらいの紙数がいるので、今回は断念せざるを得なかった。

逆に、アメリカのマサチューセッツ州ドーチェスターの岩石層に埋まっていた銀の花模様象眼《ぞうがん》を持つ〝未知金属製鐘型容器〟やニューカレドニアのピノス島の〝有史前地中セメント柱〟群など、現存するのは確かだが、目下のところ資料が乏しくて不明な点が多すぎるオーパーツも、はぶかざるを得なかった。

さらに、オーストリアの石炭層から出土して一時期ザルツブルク博物館に展示されていた〝ザルツブルク金属立方体〟、イギリスのキンドグッディ採石場の花崗岩層中に発見された〝中生代金属ネジ〟、アメリカのコロラド州プラトー・ヴァレーの地下から発掘された〝新生代タイル舗装床〟など、発見の記録はあるものの その後博物館から消失したり所在がわからなくなって、現存を確認できないオーパーツも取り上げていない。

このほか、博物館や古代遺跡のなかで誰でも見ることができながらそのオーパーツ性が気づかれていない隠れオーパーツや、博物館の保管倉庫のなかで埃をかぶったまま忘れ去られた死蔵オーパーツ、いまだに人知れず地中や海中で眠りつづけている未発見オーパーツなど、世界にはまだまだ無数のオーパーツが存在していることはまちがいない。

これらの興味深いオーパーツの数々についても、いずれ再び報告できる機会があたえられれば、望外の幸せである。

南山　宏

FAVOR NO TOCAR
PLEASE DO NOT TOUCH

南山 宏（みなみやま・ひろし）

超常現象／ＳＦ作家・研究家・翻訳家。
東京・麻布生まれ。出版社勤務後フリーに。北米・中南米・ヨーロッパ・アフリカなど世界各地を取材。日本ＳＦ作家クラブ、日本推理作家協会、創作集団プロミネンス（旧少年文芸作家クラブ）、ＷＥＣ（米・世界探検家クラブ）、ＳＳＥ（米・科学探究学会）などに所属。

著書：『オーパーツの謎』『奇跡のオーパーツ』『宇宙のオーパーツ』『海底のオーパーツ』『ＵＦＯ地球侵略の謎』（以上、二見書房）『宇宙から来た遺跡』（講談社）『沈黙の大陸』（学研）『超科学最前線』（クロスロード）『宇宙と地球最後の謎』（廣済堂）など多数。

訳書：『1999年運命の日』『大隆起』『幻の恐竜を見た』（以上、二見書房）『謎のバミューダ海域』（徳間書店）など多数。

本書は、1993年10月に小社より発刊された『オーパーツの謎』の改装改訂新版です。

二見レインボー文庫

オーパーツ　超古代文明《ちょうこだいぶんめい》の謎《なぞ》

著者　南山《みなみやま》 宏《ひろし》

発行所　株式会社 二見書房
東京都千代田区三崎町2-18-11
電話 03(3515)2311［営業］
03(3515)2313［編集］
振替 00170-4-2639

印刷　株式会社 堀内印刷所
製本　株式会社 関川製本所

落丁·乱丁本はお取り替えいたします。
定価は、カバーに表示してあります。

ISBN978-4-576-16152-5
http://www.futami.co.jp/